슬뢰이드[slöjd] : 손으로 하는 모든 작업을 지칭하지만 크래프트(craft)와는 조금 다른 의미이며, 나무를 다루는 목공에는 '트래슬뢰이드' 또는 '그린 우드카빙'이라고 한다.

스웨덴 슬뢰이드 장인의
그린 우드카빙

요게 순크비스트 지음 • **용형준** 옮김

다봄.

수축 기법을 이용해 굽어 자란 자작나무와 소나무로 만든 사다리로, 공공 미술품인 '블로 훌켄 욘(blå Hulken john)'의 일부이다. 스웨덴 벤네스 지역에 있는 비에가스콜란(Vegaskolan)에 있다.

차례

슬뢰이드란 무엇인가? 8
전통이 있는 슬뢰이드 12

슬뢰이드 1
버터나이프와 스패츌러 15
칼과 자작나무 껍질로 만든 칼집 19
숟가락과 국자 25
행어 32
손잡이와 걸쇠 36
페그 보드 41

슬뢰이드를 위한 재료와 도구 45

슬뢰이드 2
스놉 스틱과 커튼 봉 76
나무 그릇과 함지박 79
수축통 84
도마 92
스툴 94
칩 카빙(새김) 100

슬뢰이드를 위한 다양한 나이프 그립 106

용어 정리 114

도구 및 재료 공급 업체 118

참고 문헌 119

찾아보기 120

슬뢰이드(slöjd)란 무엇인가?

나무로 만들 수 있는 물건은 아주 다양하다. 이 책에서는 수공구들을 이용해 어떻게 나무 작업을 하는지 보여 주려고 한다. 나는 공구를 사용한 흔적들, 깎인 경사면, 낡은 색채, 독특한 디자인 그리고 민속 예술을 표현한다는 점 때문에 슬뢰이드에 푹 빠져 있다. 슬뢰이드는 자급자족 생활의 일부분이며, 산업화 이전 사람들의 삶의 방식이기도 하다. 슬뢰이드는 농민들이 집을 짓고, 농사를 짓고, 낚시를 위한 도구를 만들고, 집 안에 필요한 물건들을 만들 때 사용한 작업 방식이다. 수천 년이 흐르며 슬뢰이드 재료에 대한 지식이 깊어졌고 도구 사용법을 많이 연구하였으며 구성 및 형태 결합을 통해 물건을 튼튼하고 유용하게 만드는 방법을 개발했다.

슬뢰이드(slöjd)라는 단어는 9세기경 '슬뢱(Slög)'이라는 단어에서 유래했다. '슬뢱'은 독창적이고 기발하며 기교가 있다는 뜻이다. 그것은 농부들이 생존을 위해 고군분투하며 농장 인근의 나무, 아마, 가죽, 모피, 뿔, 금속 등의 천연 재료들을 활용해 능숙하게 물건을 만드는 방법을 말한다.

나의 고향인 베스테르보텐(Västerbotten)에서 유래한 방언이며, 나의 모토이기도 한 '인트 오슬룈(Int' oslög)'이라는 표현은 '손이 무디지 않다.'라는 뜻으로 손재주가 많고 무언가 잘 만드는 사람을 일컫는다.

> "
> 나는 실수 위에서
> 칼들을 연마한다.
> "
>
> 톰 웨이츠
> Tom waits

슬뢰이드에서 어떤 재료를 사용하고, 어떤 작업 방법을 선택하느냐는 작업물의 품질과 느낌을 표현하는 데 깊은 관련이 있다. 강하고 튼튼한 물건을 만들기 위해서는 물건의 형태에 따라서 나무의 섬유질 방향이 올바르게 향할 수 있도록 신중하게 재료를 선택해야 한다. 이러한 슬뢰이드 전통 지식은 절삭 도구로 나무를 쪼개는 일을 포함해 전반적인 작업을 쉽게 만든다. 무엇보다 슬뢰이드는 간단한 몇 가지 도구로 자신에게 필요한 기능적인 물건을 직접 만든다는 만족감을 준다. 만약 입안에서 부드럽게 느껴지는 나무 숟가락을 직접 만든다면, 그것은 생산자인 동시에 소비자가 되는 것이다.

이 책은 전동 도구를 되도록 사용하지 않고, 간단한 수공구를 주로 사용하는 목공 작업자에게 슬뢰이드적인 영감과 유익함을 소개하기 위해 만들어졌다. 수작업에는 많은 장점이 있다. 부엌이나 기차 안에서 또는 여름 별장 등 다양한 공간에서 간단한 수공구를 사용하여 예쁘고 실용적인 나무 제품들을 직접 만들 수 있다. 또한, 전동 도구로 하는 작업에 비해 투자 비용 역시 매우 적게 든다.

전통 슬뢰이드에 대한 지식은 굉장히 방대해서 자신의 아이디어를 직접 현실화하기까지는 많은 경험과 노하우가 필요하다. 또한, 칼 사용법, 칼날 연마 방법, 각 나무 종들에 대한 구체적인 작업 지식을 습득하는 데에도 많은 시간이 걸린다. 그러므로 슬뢰이드 방식으로 꾸준히 작업하면서 그 방법을 익히면, 다양한 도구 사용법들을 몸으로 기억할 수 있다. 효율적인 작업을 위해 필요한 힘과 몸의 인체 공학적 관계는 시간과 경험이 쌓이면서 터득한다. 사회학교수 리처드 세넷(Richard Sennett)은 "만드는 것이 곧 생각하는 것이다."라고 말했다.

슬뢰이드는 자연에서 생성된 재료를 이용해 자신이 원하는 만큼 지속할 수 있는 작업이기 때문에 진실함과 진정성이 바탕이 된다. 원하는 대부분의 물건을 쉽게 구할 수 있는 현대 사회에서 개인이 원재료에서 완제품까지 통합된 작업 과정을 직접 경험하는 것은 매우 의미 있는 일이다. 슬뢰이드를 통한 마음과 손의 상호 작용은 각계각층 사람들의 몸과 마음을 만족시키며 긍정적인 영향을 미친다. 또한, 집중해서 생각할 수 있는 일종의 명상 시간을 갖게 함으로써 생각할 시간조차 충분하지 않은 바쁜 현대인에게 스트레스 해소제가 된다. 나는 현대 기술의 필요성을 배제하지 않으면서 지속 가능한 사회로 나아가기 위한 방법 중 하나로 슬뢰이드 지식을 활용해야 한다고 생각한다. 전통적인 슬뢰이드는 미래를 위한 생존 키트이다.

이 책의 각 장에서는 이제 막 슬뢰이드를 시작하는 사람들을 위해 다양한 프로젝트를 제시하고 그 방법을 자세히 설명했다. 여기서 제시한 프로젝트들을 따라 하다 보면 고급 슬뢰이드 방법을 단계별로 배울 수 있다. 이 과정을 통해 초보 작업자들은 서서히 자신에게 맞는 슬뢰이드 방식을 찾아낼 것이다. 모든 전통은 많은 사람의 참여로 만들어지며, 이들 모두는 독특하고 고유하다. 또한, 작업 과정에서 아무도 생각하지 못했던 새로운 작업 방법을 발견할 수도 있다. 이렇듯 모든 전통은 변화한다.

글로 수작업을 묘사하는 것은 어려운 일이다. 도구를 가지고 나무를 다룰 때 최대치의 힘을 내고, 그 힘을 조절하기 위해 몸을 어떻게 사용해야 하는지, 도구의 형태는 어때야 하고, 사용하는 동안 어떤 각도로 어떤 위치에서 작업해야 하는지, 작업을 하는데 있어서 어떤 재료가 좋고 적합한지를 모두 설명하기에는 한계가 있다.

작업물의 용도와 형태를 결정하는 과정은 다년간의 풍부한 경험들이 축적되어 만들어진다. 사람은 무언가를 결정할 때 의도적인 선택보다는 직관적으로 선택할 때가 많은데, 몸은 이러한 선택을 자동으로 실행한다. 작업을 배우는데 있어서 가장 좋은 방법은 숙련된 작업자와 함께 일하면서 그들의 작업 과정을 보고 듣는 것이다.

만약 다양한 종의 나무 특성들에 대해 더 깊이 알고 싶거나 좀 더 난이도 있는 나무 결합 방식을 찾는다면, 다른 책이나 인터넷 자료들을 찾아보자. 또한, 경험이 많은 목공 작업자라면, 내가 수십 년간 슬뢰이드 전통에 따라 일하며 개발한 유용한 작업 방법과 디자인 아이디어를 이 책에서 찾을 수 있을 것이다.

이 책은 주로 수공구를 사용하는 목공 입문서이다. 그러니 기계 작업을 원하는 사람들에게는 적합하지 않다. 기계를 사용하면 생산 속도를 높일 수는 있지만, 디자인 선택에는 제한이 있다. 현대식 기계를 사용한 목공 작업은 슬뢰이드라고 할 수 없다. 이 책에 쓰인 많은 개념과 용어 그리고 단어들은 아마도 대부분 독자에게는 생소할 것이다.

프로젝트를 시작하기 전에 먼저 '슬뢰이드를 위한 재료와 도구(42p 참조)' 장을 읽어보는 게 좋다. 이 책에서 언급하는 '재료'는 가공되지 않은 상태의 나무 재료를 말하며, '블랭크(Blank)'는 그 나무 재료에서 가져온 한 토막의 나무를 말한다. 우리는 블랭크를 좀 더 가공하여 원하는 물건을 만들 것이다.

슬뢰이드가 좋은 6가지 이유	슬뢰이드의 6가지 원칙
오래 가고 기능적이며 깊이 있는 나만의 물건을 창조한다.	인내심을 가지고 연습해라. 반복은 지식의 어머니이다. 작은 위험을 감수함으로써 새로운 지식과 독창성을 얻고, 문제 해결을 위한 기회를 갖게 된다.
적은 경비로 큰 만족감을 얻는다.	훌륭한 조언을 따라 큰 실수를 피해라.
나무는 아주 효율적이고 환경친화적이며, 지속적으로 사용할 수 있는 재료이다.	평화롭고 조용한 곳에서 몰두하여 효율적으로 작업해라. 그리고 작업을 즐겨라!
한정된 수공구를 사용하는 일은 오히려 작업자를 더 창의적으로 만든다.	작업 시에 도구는 날카롭게, 정신은 예민하게 유지해라.
생목은 가공하기가 쉽다.	린시드 오일을 닦은 천이나 종이는 자연 발화의 위험이 있으므로 철 소재로 된 휴지통에 버린다.
자신의 물건을 직접 만들고 사용하는 모든 과정에 참여하는 기쁨을 맛볼 수 있다.	산에서 생목을 자를 때는 반드시 산 주인이나 관계 기관에 먼저 허락을 받는다.

나는 어렸을 때부터 슬뢰이드 전통 방식으로 물건을 만들었으며, 1985년부터 작품을 제작하고 판매하기 시작했다. 슬뢰이드 작업을 본격적으로 시작한 1998년도부터는 내가 만들었던 모든 슬뢰이드 작업물들의 목록을 정리했다. 그 목록에는 버터나이프부터 대형 공공 조각까지 4천 가지 이상의 물건이 들어 있다. 나의 경험이 쌓이면 쌓일수록 오랜 시간 나에게 영감을 준 다른 목공 작업자들에 대한 존경심은 더욱더 커졌다.

특히, 나에게 나무 깎는 방법을 가르쳐 주고, 전통 목공예에 열정을 바친 나의 아버지, 빌레 순크비스트(Wille Sundqvist)와 형태와 색감 표현 재능을 물려 주신 나의 어머니 마르가레타 막산 순크비스트(Magareata Maxan Sundqvist)에게 깊이 감사드린다. 나의 아버지 빌레는 슬뢰이드를 위한 다양한 도구 사용법과 필수적인 기술을 다룬 《칼과 도끼로 조각하기(Tälja med kniv och yxa)》를 집필했다.

> "돌아가라, 돌아가라, 숲으로 돌아가라."
>
> 로비 로버트슨
> Robbie Robertson

요게 순크비스트

전통이 있는 슬뢰이드

내가 슬뢰이드를 하면서 얻는 가장 큰 만족은 물건을 만드는 방법과 어떤 재료를 어떻게 사용할지를 알게 된 것이다. 나무는 실용적인 소재다. 만약 어느 한 부분이 부러지거나 떨어져 나가면 그 부분을 교체할 수도 있고, 너무 두껍다면 칼로 원하는 두께만큼 깎아 낼 수도 있다. 또한, 좋은 아이디어가 떠오르면 바로 그것을 만들어 볼 수도 있다. 도끼와 칼을 가지고 자신이 직접 무언가를 만들었을 때의 만족감은 무엇과도 바꿀 수 없는 즐거움이다.

다른 전통문화들과 마찬가지로 슬뢰이드 역시 지켜야 할 문화유산이며, 나의 작업 도구들 속에 스며 있는 무형 문화유산이기도 하다.

슬뢰이드는 자급자족의 역사를 가진 스웨덴 농민 전통에서 시작된다. 산업 시대 이전, 사람들은 농장 주변에서 발견한 재료로 자신에게 필요한 대부분을 스스로 만들어야 했다. 당시에는 수많은 천연 재료를 쉽게 구할 수 있었고, 그것을 어떻게 써야 할지 잘 알았다. 어린 시절부터 자연스럽게 목공 작업을 접했던 사람들은 평생 그 일을 했다. 사람들은 사회적, 종교적, 실용적인 측면들을 고려하여 일상용품의 종류와 형태를 결정했다. 평범한 농부들은 비교적 일반적인 도구들을 사용했으며, 대장장이 또는 목수와 같은 전문직 장인들은 더 광범위하고 전문적인 도구들을 사용했다. 순수하게 자급자족을 목적으로 하는 슬뢰이드는 간단한 도구와 뛰어난 기술, 원재료에 대한 깊은 지식 그리고 기능적인 문제를 해결하려는 개인의 능력에 의해 만들어진다. 그렇게 만들어진 물건은 만든 이의 개인적인 용도로 사용된다.

예부터 전해 내려오는 슬뢰이드 지식은 작업의 품질을 결정할 만큼 중요하다. 하지만 슬뢰이드 제작자가 사용했던 도구 사용법과 연마 기술, 재료의 선택과 가공법 그리고 나무 결합 기법 등은 매우 방대하고 전문적이어서 오늘날 그 지식을 전부 이해하기는 어렵다.

슬뢰이드 전통을 이어가는 제작자는 그들 자신이 디자이너이기 때문에 종종 독창적인 결과물을 만들었다. 그리고 그들은 사람들이 물건을 어떻게 사용하는지 파악하고 문제를 확인하여 해결했다. 원하는 기능은 무엇인지, 좀 더 편하게 사용할 수 있는 맞춤형 디자인은 무엇인지, 어떤 재료들을 사용할 수 있는지, 어떤 생산 방법이 가장 적합한지 등을 고려했다. 슬뢰이드는 재료가 달라지거나 새로운 기술이 등장했을 때 그리고 사람들의 요구 사항에 따라 지속적으로 발전했다.

슬뢰이드의 품질을 결정하는 것은 일상에서 생기는 마모와 해짐을 견딜 수 있는, 우수하고 내구성 있는 재료와 나무 결합 방식의 선택들이다. 이러한 선택들은 여전히 즐겁다.

슬뢰이드에 대한 전반적인 지식은 일부 목공 작업자들에게 예술적 영감을 주었다. 이 민속 예술은 역사적으로 유행에 영향을 받는 경우가 많았지만, 수세기에 걸쳐 진화하고 형성되어 왔기 때문에 지역적으로 독특한 표현 방식이 생겨났다.

슬뢰이드는 문서화되지 않아서 많은 것을 잃어버린 민속 지식이다. 오늘날 슬뢰이드는 목공 작업자, 수공업 컨설턴트 그리고 비영리 단체의 수공예 운동을 통해 재창조되고 발전하고 있으며, 스웨덴 정부의 직접적인 지원은 이러한 전통을 이어가는 데 결정적인 역할을 했다.

슬뢰이드는 다음과 같은 전통 안에서 발전되는 것이 특징이다.

- 제작자에서 사용자까지, 생산에 대한 책임과 통제
- 수공구와 직관적인 기술
- 자연 발생적인 재료의 사용
- 재활용을 통한 자원의 효율화
- 개인적인 표현

슬뢰이드 작업 방식의 이점

- 제작자인 동시에 사용자가 되며 자신이 직접 만든다.
- 손재주를 키워 준다.
- 나무의 품질과 결합 방식을 알 수 있다.
- 직접 손으로 만든 물건을 관리하고 돌본다.
- 평화롭고 조용한 곳에서 명상을 한 듯한 단순함을 경험한다.
- 민속 예술의 진정한 표현을 찾는다.
- 전통 뒤에 감춰진 사람들의 행복과 고통에 관한 이야기를 듣는다.
- 자신의 역사를 존중한다.

왼쪽부터 마티아스 헬리(Mattias helje)의 칼날로 만든 칼, 굽은 자작나무로 만든 숟가락, 왼손잡이용 스패츌러, 작은 국자, 후크 나이프와 블랭크

슬뢰이드1

slöjd

버터나이프와 스패츌러

초보자들이 시도하기 좋은 과제인 버터나이프Butter knife를 만들어 보자. 이것은 언뜻 보면 만들기 쉬워 보이지만, 원하는 디자인을 위해서는 심사숙고할 필요가 있다. 얇은 날과 날 쪽으로 가늘어지는 손잡이는 버터가 잘 발리는 데 있어서 중요한 요소이다.

    스패츌러Spatula는 프라이팬이나 웍 등 다양한 쓰임에 따라 구부러진 형태로 만들 수 있다. 뜨거운 물이나 증기를 이용해서 나무 섬유질 방향대로 구부리는 방법을 사용해 두께가 얇아도 내구성이 좋다. 대부분 나무 제품들처럼 스패츌러 역시 식기세척기로 세척하는 것은 좋지 않다. 또한, 설거지할 때도 스패츌러를 물 속에 너무 오랫동안 담가 두지 않도록 한다. 수분 때문에 원래의 형태인 곧은 상태로 돌아갈 수 있기 때문이다.

도구 도끼, 칼, 드로 나이프(선택 사항)

재료 향나무는 습기에 강하고, 밀도와 내구성이 좋다. 나이테에 물관 구멍이 있는 참나무나 물푸레나무뿐만 아니라 마가목과 단풍나무도 훌륭한 재료가 된다. 나는 자작나무를 선호하는데 생 통목을 쪼갠 후 나오는 곧은결의 나무쪽들은 버터나이프와 스패츌러를 만들기에 좋다. 또한, 자연스럽게 굽어 자란 나무를 쪼개어 만드는 것도 가능하다.

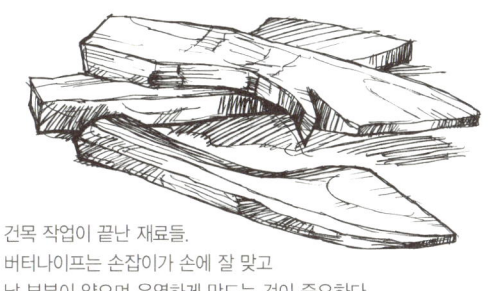

건목 작업이 끝난 재료들.
버터나이프는 손잡이가 손에 잘 맞고
날 부분이 얇으며 유연하게 만드는 것이 중요하다.

버터나이프를 깎는 방향

버터나이프

곧은결의 옹이가 없는 것으로 길이 약 25~30cm, 지름 10cm 이상의 나무 한 토막을 선택한 후, 나무의 중앙 부분을 정확히 쪼갠다. 폭 5cm, 두께 2cm의 나무토막을 도끼를 이용해 중간부터 건목을 치기 시작한다. 스케치한 버터나이프 부분이 쪼개지지 않도록 나뭇결을 따라 조심스럽게 도끼질을 한다.

    만약 많은 양의 나무를 좀 더 쉽게 제거하려면 윤곽선 가까이 릴리프 컷(Relief cut: 꺾임이 큰 부분에 미리 톱질하는 것)을 한 후 도끼로 작업하면 된다.

    블랭크의 아래부터 위쪽으로 올라가며 일정한 간격으로 도끼질을 한다. 그런 다음, 이렇게 잘린 부분들을 이번에는 위에서 아래쪽으로 깎는다. 손잡이는 날 쪽이 점점 가늘게 만든다. 만약 셰이빙 홀스(Shaving horse: 주로 드로 나이프로 작업할 때 사용하는 기구로 생김새가 말을 닮았다 하여 붙여진 이름)를 사용할 수 있다면, 드로 나이프(Draw knife: 칼의 양쪽에 손잡이가 달려 있으며 주로 셰이빙 홀스에서 나무를 깎을 때 사용한다.)를 이용하여 블랭크의 형태를 좀 더 빠르게 깎을 수 있다. 만약 없다면 칼을 사용해도 된다.

    버터나이프 날의 두께는 날의 등 쪽이 6mm, 날 모서리가 3mm가 되게 점차 얇게 만든 후 손가락으로 날의 두께를 확인한다. 버터나이프의 날 부분은 유연해야 하며 너무 두꺼우면 기능이 떨어진다. 손잡이 끝의 필요 없는 부분은 칼이나 톱을 사용해 잘라내고, 날의 모서리 부분은 버터를 펴 바르기 좋도록 비스듬히 깎는다. 손잡이의 두께는 16~22mm 그리고 버터나이프 총 길이는 170~180mm 정도가 적당하다.

블랭크 건목 치기

파워 그립(Power grip) 칼날 가까이 칼을 잡는다. 팔꿈치를 구부리지 않고 팔을 곧게 뻗은 상태로 어깨와 등 근육을 이용해 강하게 내리깎는다. 이때 어깨를 들어 올린 상태에서 부드럽고 흔들림 없는 동작으로 진행한다. 칼끝을 위쪽으로 한 상태로 나무를 베듯이 깎는다.

나무를 베는 동작은 칼날 밑에서부터 끝으로 진행한다. 이때 칼날 경사면(Bevel)이 나무 표면에 정확히 접촉한 상태로 움직여야 하며, 오목한 칼날 경사면은 칼날을 안정되게 지지한다. 이것이 가장 일반적인 그립 중 하나이다.

칼날 모서리가 몸 바깥쪽으로 향하게 깎기

일반적인 엘보 그립(Elbow grip)과는 별개로, 파워 그립과 시저 그립이라고 불리는 매우 효과적이고 안전한 나이프 그립(Knife grip: 칼 사용법)들이 있다. 그리고 이러한 나이프 그립에 앞서 무엇보다도 안전이 가장 중요하다는 것을 명심하자. 안전하고 정확한 나이프 그립은 같은 힘으로도 좀 더 효율적인 작업을 할 수 있게 하고, 칼을 사용하는 데 있어 자신감을 갖게 한다.

효과적인 칼질을 위한 다양한 나이프 그립 방법은 만드는 물건과 프로젝트에 따라 선택해 활용한다. 106p에서 10가지 기본 나이프 그립에 대해 자세히 설명했으니 참고하자.

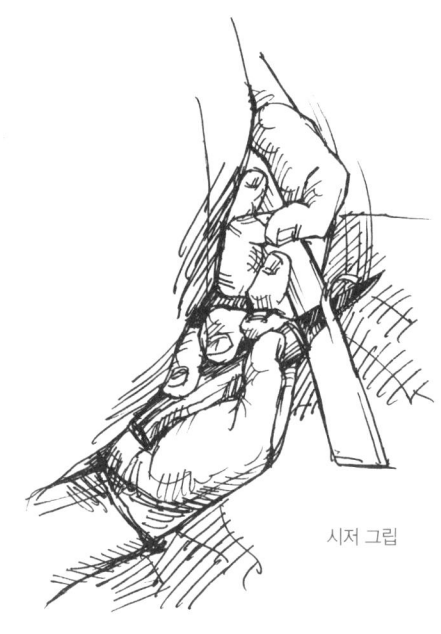

시저 그립

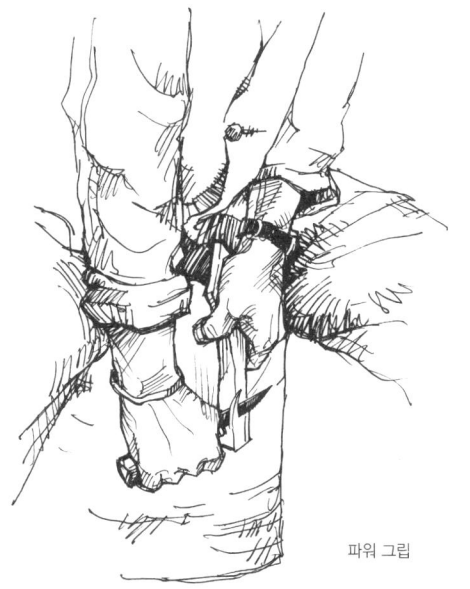

파워 그립

시저 그립(Scissor grip) 이 그립은 나무 표면에 안정적으로 힘을 가하기 좋고, 무엇보다 칼을 제어하기 쉽다. 손바닥이 위쪽을 향한 상태로 칼을 잡고 칼날 모서리가 바깥쪽을 향하게 한다. 이때 엄지는 칼 손잡이 위쪽에 있어야 한다. 한 손은 블랭크를 잡고, 나머지 손으로는 칼을 잡은 뒤 가위를 벌린 형상으로 가슴 앞쪽에 놓는다.

양손을 가슴에 대고 누르며 어깨를 살짝 안쪽으로 구부린다. 그런 다음 칼날 밑부분을 블랭크에 댄 후 가슴을 내미는 동시에 블랭크와 칼을 당겨 깎는다. 옆구리를 따라 팔뚝을 당기고 어깨뼈와 어깨가 어떻게 뒤로 젖혀지는지 느껴 보자. 손가락의 중간 관절 부위를 가슴에 대고 누른 후 마치 닭 날갯짓을 하듯이 동작을 반복하여 작업한다. 이 동작은 큰 근육을 사용하며 팔뚝을 지렛대로 쓸 수 있게 도와준다. 시저 그립은 블랭크를 당기는 동시에 칼로 베는 동작의 조합이다. 만약 숟가락의 음식물이 담기는 부분과 손잡이 사이를 짧은 스톱 컷(Stop cut: 특정 구간에서 칼질을 멈추는 것)으로 깎길 원한다면 칼을 쥔 손을 몸에 단단히 누르고 칼질 부위에 마찰을 가하여 원하는 곳을 넘어서 깎지 않게 조심한다.

칼날 모서리가 몸쪽을 향하게 깎기

풀 그립(Pull grip) 칼을 쥐지 않은 손으로 버터나이프의 날 부분을 잡고 반대쪽 손잡이 끝부분은 가슴에 댄다. 칼을 쥔 손의 엄지를 칼 손잡이의 위쪽에 올리고 칼 끝이 몸 바깥쪽을 향하게 칼을 눕힌다. 이 그립은 블랭크에서 칼날이 빠져나오기 전에 엄지의 밑부분이 먼저 몸에 닿는다. 안전한 작업을 위해 당김의 마지막 과정에서 팔뚝을 갈비뼈 쪽에 붙인다. 몸쪽으로 칼을 잡아당기면서 칼날 밑에서부터 끝 쪽으로 움직이며 칼질한다. 가슴 쪽으로 향하는 칼 쥔 손의 팔뚝이 블랭크를 누르고 베는 동안 손목은 고정된 상태로 진행한다. 또한, 칼질하는 동안 칼날 경사면을 나무에 대고 눌러 깎는다. 이렇게 하면 안정적인 자세와 함께 매끄럽고 깔끔한 표면이 만들어진다.

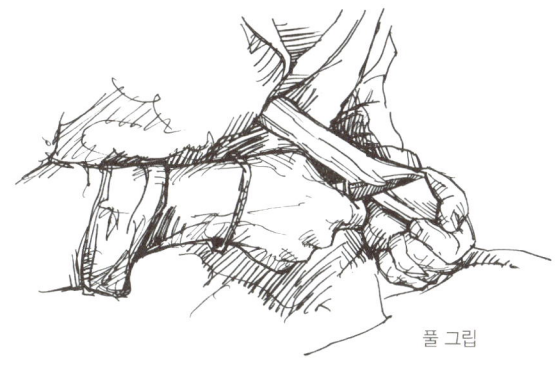

풀 그립

케이크 스패츌러

결이 곧은 자작나무 생목을 길이 약 25cm, 폭 6cm 그리고 두께 1.5cm의 크기로 쪼갠다. 드로 나이프나 카빙 나이프를 사용하여 삽과 같은 형태로 만든다. 이때 스패츌러의 손잡이 부분은 스팀 벤딩(Steam bending: 뜨거운 수증기를 이용해 나무를 구부리는 기법) 후에 가공한다. 혹은 스팀 벤딩을 하지 않고 자연스럽게 굽어 자란 나뭇가지의 형상을 이용하는 방법도 있다.

스패츌러의 품질과 내구성을 크게 향상시키기 위해서는 생목을 쪼개 사용한다. 이렇게 완성된 스패츌러의 얇은 날 부분은 손상되지 않은 섬유질에 의해 손잡이에서 날 끝까지 견고하게 지지한다.

먼저 끓는 물에 쪼갠 블랭크를 넣어 삶은 후, 클램핑 지그(Clamping jig: 건조용 틀)에 넣어 고정해 말린다. 그러면 나무 섬유질의 방향이 지그의 형태에 따라 휘어진다.

우선 블랭크의 두께를 약 15mm로 균일하게 만든다. 그런 다

쪼갠 자작나무로 만든 버터나이프.
칩 카빙으로 장식하고 전문가용 유화 물감으로 마감했다.

케이크 스패츌러

음 스패츌러 날 부분의 두께를 날 끝으로 갈수록 점점 얇게 깎아 날 끝 두께가 3mm 정도 되게 만든다. 나는 이 과정을 위해 셰이빙 홀스와 드로 나이프를 사용한다. 만약 이러한 도구들이 없다면, 도끼와 칼을 사용해서 만들 수 있다. 다듬어진 스패츌러의 날 부분을 끓는 물이 담긴 용기에 수직으로 세워 몇 분 정도 담가 둔다.

뜨거운 블랭크를 다룰 때는 반드시 보호용 장갑을 착용하고, 중간에 물에 담긴 날 부분을 꺼내 구부려 본다. 만약 부드럽게 휘어진다면 블랭크를 클램프 지그에 넣고 주의해서 천천히 조여 준다. 이 상태로 이삼 일간 말린 후 손잡이 부분을 깎는다. 스패츌러의 날 부분은 얇아야 하고, 길이는 7~8cm 정도여야 한다.

날과 손잡이 사이에 있는 스패츌러의 목 부분은 사용 시 하중을 견딜 수 있게 충분히 두꺼워야 하고, 옆에서 보았을 때 15mm 정도는 돼야 한다.

크로스드 섬 그립(Crossed thumb grip, 112p 참조)은 블랭크 표면을 매끄럽게 깎는 데 유용한 그립이다. 가공 작업이 끝나면 칩 카빙과 유화 물감으로 손잡이 부분을 장식하고 칠한다. 하지만 날 부분은 칠하지 않도록 한다. 음식물에 칠이 묻을 수 있기 때문이다. 손잡이의 칠이 마르면 스패츌러의 날 부분을 린시드 오일에 2~3시간 정도 담가 둔다.

단, 린시드 오일은 반드시 식용 등급을 사용해야 하며, 저온 압축된 태양 투과 방식의 로 린시드 오일(Raw linseed oil)을 사용한다. 표면에 과도하게 남아 있는 오일은 천이나 종이 타월로 닦는다. 그리고 이렇게 닦아 낸 기름 묻은 천과 종이는 화재를 방지하기 위해 반드시 양철 쓰레기통에 버린다.

뜨거운 증기가 가해진
클램핑 지그 속 블랭크

칼과 자작나무 껍질로 만든 칼집

칼은 목공 작업자에게 가장 중요한 도구다. 자신의 손으로 직접 만든 칼은 앞으로의 목공 작업을 위해 자신에게 주는 애정 어린 선물이다. 자신의 손에 맞게 손잡이를 조절하고 나만의 장식을 만들어 보자.

칼날의 탱Tang: 칼날 중 자루 속에 들어박히는 뾰족하고 긴 부분으로 슴베라고도 한다. **부분을 나무 속에 넣기 위해 쪼개진 자작나무의 길이 방향으로 구멍을 뚫는다. 손잡이 끝으로 튀어나온 탱을 고정한 후, 손잡이의 모양을 만들고 칩 카빙과 유화 물감으로 장식한다. 자작나무 껍질을 잘라서 접은 후 자작나무 뿌리로 감친다.

자작나무 껍질과 뿌리로 만든 칼집과 다양한 모양의 칼들.
손잡이는 자작나무를 사용했고 칩 카빙과 유화 물감으로 마감했다.

도구 도끼, 칼, 쇠톱, 전동 드릴, 쇠망치, 송곳, 펜치, 센터펀치, 칩 카빙 나이프(선택 사항).

재료 자작나무(또는 마가목이나 벌이 포함된 블랭크), 자작나무 껍질, 자작나무 뿌리
얽혀 자란 나무 부위나 섬유질이 조밀한 나무는 칼 손잡이를 만드는 데 최고의 재료다. 나무뿌리에서 자라는 뒤틀린 뿌리줄기는 일반적인 자작나무보다 훨씬 더 단단하다. 칼집 재료로는 자작나무 껍질과 뿌리를 사용한다.

칼날 모라크니브(No.106/길이 82mm)

칼 전통적으로 칼집에는 벨트 장착용 고리가 달려 있으며, 칼 손잡이 일부가 가죽 덮개에 들어간다. 그러나 여기서는 오직 칼날만을 보호하는 칼집을 만든다.

이 프로젝트를 위해서는 모라크니브의 래미네이티드(Laminated) 된 고품질의 우드카빙용 칼날을 권한다. 이 칼날은 저렴하고 유연하며 가공하기에 좋고 날을 세우기 쉽다.

칼날을 손잡이에 단단히 고정하기 위해서는 칼날 부분이 손잡이 속으로 들어가지 않게 멈추는 역할을 하는 숄더(Shoulder)가 있어야 한다. 숄더가 없는 칼날을 사용하는 경우 전동 그라인더나 금속 가공용 줄(File)을 사용해 탱의 양쪽 면을 갈아야 한다. 그런 다음 칼날에 베이지 않기 위해 날 전체 면에 마스킹 테이프를 붙인다. 만약 주물로 된 바이스(Vise)에 칼날을 물어 놓고 작업을 한다면, 이 과정에서 바이스에 물어 놓은 부분의 칼날이 긁히지 않도록 숄더에 최대한 가깝게 테이프를 붙인다.

가공된 탱 부분이 그려진 블랭크

단단한 낙엽수는 칼 손잡이로 사용하기에 좋은 재료다.

약 11×3×2cm의 크기로 블랭크를 쪼갠다. 이때 만약 블랭크가 뒤틀렸다면, 쪼개지 않고 톱으로 자른다. 블랭크의 가장 넓은 면 위에 길이 방향으로 칼날의 탱 부분을 올려놓는다. 이때 블랭크의 중심에 탱의 중심을 잘 맞춘 후, 펜을 사용해 기울어진 탱 주변을 따라 선을 그리고 다시 양쪽 끝 단면까지 선을 연장해서 그린다. 이제 드릴을 이용해 블랭크의 숄더 쪽에 3개, 리벳(Rivet: 뚫고 나온 탱을 고정할 부분) 쪽에 2개의 구멍을 뚫는다. 탱을 따라 그린 블랭크 면의 스케치 선은 작업자가 정확한 각도로 구멍을 뚫을 때 편리하게 쓰인다.

탱 구멍 뚫기 먼저 탱의 두께를 측정한 후 두께보다 약 0.5mm 굵은 드릴 날을 선택한다.

바이스에 블랭크를 물린 후 정확한 드릴링을 위해 구멍의 위치를 송곳으로 표시한다. 스케치 선을 따라 신중하게 각도를 맞추고 리벳 쪽부터 드릴링을 한다. 그리고 모든 구멍이 블랭크의 중간 지점에서 만날 때까지 숄더 쪽에서 드릴링을 반복한다. 이렇게 몇 번 반복하다 보면 눈대중으로 하는 정확한 드릴링 방법을 빠르게 배울 것이다. 긴 드릴 날은 대개 구멍 속에서 구부러지므로 짧은 드릴 날로 여러 번 반복하는 것이 좋다.

일단 구멍이 뚫리면 바이스에서 블랭크를 제거한다. 스케치 선을 계속 유념하며, 구멍 속 나무 찌꺼기를 없애기 위해 전동 드릴로 여러 번 반복하여 탱을 위한 통로를 만든다. 구멍 속 나무 찌꺼기를 더 쉽게 제거하기 위해 직소 날을 이용할 수 있다. 이때 직소 날의 끝부분은 구멍 속 작업이 쉽도록 가늘게 갈아 준다. 혹은 작은 톱날을 사용해도 된다. 그리고 철물점에서 살 수 있는 작은 정사각형의 우드 래스프(Wood rasp)도 매우 유용하다.

탱 끝이 손잡이의 리벳 쪽 구멍에 약 2~3mm 정도가 나올 때까지 구멍 속을 깨끗하게 정리한다. 작은 쇠망치를 사용해 손잡이가 칼날의 숄더에 닿을 때까지 조심해서 두들긴다. 이때 탱과 손잡이의 구멍 사이에 공간이 있다 해도 문제가 되지 않는다. 탱을 손잡이에 고정한 후에 나무쐐기를 가지고 그 공간을 메울 수 있기 때문이다.

이때 중요한 점은 칼날의 숄더 부분과 블랭크 사이의 간격을 최대한 없애 추후 먼지와 부식을 피하는 것이다. 그리고 칼날의 탱 부분을 블랭크 속에 맞춰 볼 때는 항상 동일한 방향으로 넣는다.

리벳팅 칼 손잡이와 바이스 사이의 간격을 1mm 정도 두고, 칼 끝이 아래쪽을 향하도록 칼날을 바이스에 단단히 고정한다. 이

때 바이스의 물림 부분과 칼날 사이에 얇은 동판을 사용하면 칼날에 가해지는 압력과 긁힘을 방지할 수 있다. 이제 손잡이의 구멍 속으로 목공 접착제를 밀어 넣는다. 목공 접착제나 하이드 글루(Hide glue: 동물의 가죽으로 만든 아교. 일정한 열을 가하면 다시 녹는다.)로 탱을 고정하면 나중에 마모된 칼날만 교체할 수 있다.

건조목을 이용하여 칼날과 손잡이 사이의 틈새를 메울 얇은 쐐기들을 만든다. 틈새에 쐐기들을 맞춰 본 후 쐐기에 접착제를 바른다. 작은 쇠망치를 사용해 쐐기가 더 들어가지 않을 때까지 두들겨 넣는다. 이때 쐐기를 너무 강하게 때려 넣으면 자칫 손잡이가 쪼개질 수 있으므로 주의한다. 마지막으로 커터칼이나 날이 무뎌져도 상관없는 칼을 사용해 불필요한 부분들을 정리한다. 전동 그라인더를 사용해 손잡이 끝으로 빠져나온 탱의 끝부분을 0.5mm 정도 남기고 갈아 낸다.

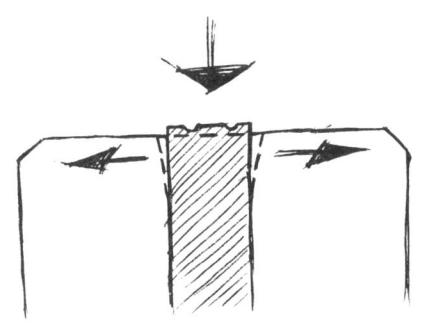

갈아 낸 탱의 끝 단면에 센터펀치를 대고 쇠망치로 자리 잡기용 망치질을 몇 번 한다. 그다음 탱의 끝이 넓어질 때까지 좀 더 강하게 두드린 후 넓어진 탱의 가장자리를 둥근머리망치로 직접 두들겨 작은 반구 형태로 만든다. 만약 손잡이와 탱 사이에 틈이 남아 있다면, 좀 더 확실히 고정하기 위해 나무쐐기를 이용해 한 번 더 메꾼다.

다양한 나이프 그립을 사용해서 나무를 깎아 보며, 칼 손잡이가 자신의 손에 잘 맞는지 확인한다. 모라크니브의 타원형 칼 손잡이는 여러 세대에 걸쳐 발전된 형태 중 하나이다.

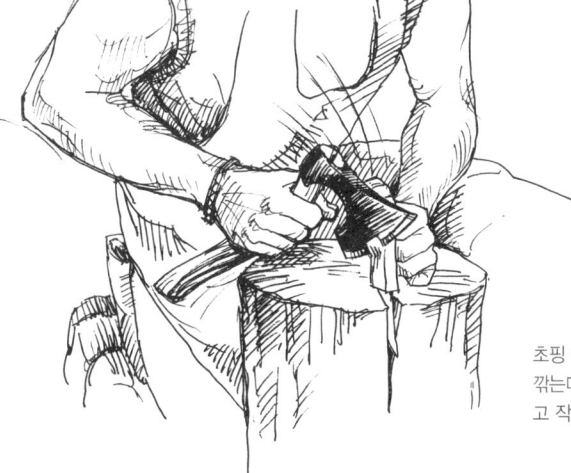

초핑 블록 윗면에 손잡이를 지지한 후 도끼를 사용해 주의해서 형태를 깎는다. 만약 초핑 블록에 갈라진 틈이 있다면 그 사이에 칼날을 집어넣고 작업한다.

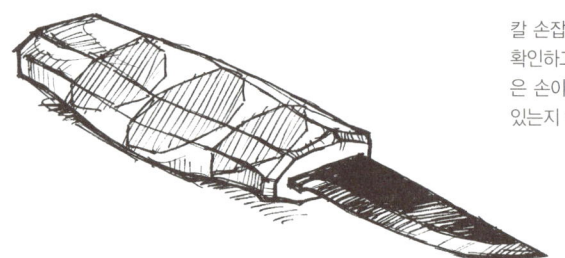

칼 손잡이의 내부 단면 보기. 타원형 모양이 손에 편안하게 맞는지 확인하고 안전을 위해 칼날 쪽을 약간 두꺼운 형태로 만든다. 이것은 손이 베이는 것을 방지하는 동시에 손이 칼날에 얼마나 가까이 있는지 쉽게 느끼게 한다.

칼 손잡이 장식의 세 가지 예.
좋은 표면 디자인은 손바닥과의 마찰력을 증대시키고 그만큼 손의 피로를 덜어 준다.

자작나무 껍질로 만든 칼집

신선한 자작나무 껍질은 칼집을 만들기 좋은 재료이다. 특히, 여름철 갓 베어낸 자작나무는 껍질을 벗겨 내기가 쉽다. 하지만 나무 소유주의 허락도 없이 살아 있는 자작나무에서 껍질을 벗기는 일은 절대로 하지 말아야 한다.

벗긴 껍질은 평평한 나무판이나 종이 사이에 눌러 너무 건조하지 않은 서늘한 곳에 보관한다. 만약 시간이 지나 껍질이 딱딱해지고 접을 때 부러진다면 미지근한 물에 담가 부드럽게 한 후 사용한다.

칼날의 길이보다는 4배 길게 그리고 너비는 10~12mm 넓게 껍질을 재단한다. 껍질의 바깥쪽을 칼로 저미거나 긁어서 균일한 두께로 만든 다음, 껍질의 바깥 면이 칼집의 안쪽으로 오도록 전체 길이의 반을 접는다. 그리고 껍질 양쪽 끝이 첫 번째 접은 중간 지점에서 1cm 떨어진 부분까지 다시 한번 접는다. 칼집의 길이는 칼날의 길이보다 최소 1cm는 더 길어야 한다. 이렇게 접기 작업이 끝나면 칼을 사용하여 껍질 양 끝의 넓은 면을 조금 얇게 저민다. 이제 자작나무 뿌리를 감기 위해 접은 껍질 재료를 가볍게 손에 쥔다.

자작나무 뿌리 뿌리는 길고 곧아야 하며 주변에 장애물이 없는 곳에서 채취한다. 들판 옆에 있는 자작나무 군락지 주변이 채취하기 좋다. 3~8mm의 적당한 두께의 뿌리를 발견하면 뿌리 주변의 흙을 흔들어 푼 다음, 조심스럽게 위로 당긴 후 칼등으로 뿌리의 껍질을 깨끗이 긁어 낸다.

다리 사이로 뿌리를 잡아당긴 후, 잘라 낼 뿌리 부위를 칼날 밑에 대고 단단히 고정한 다음 뿌리를 당겨 끊는다. 만약 뿌리를 보관하고 싶다면 감아서 말리면 된다. 그리고 건조된 뿌리는 약 10분간 물에 담가 두면 다시 부드러워진다.

우선 채취한 뿌리를 반으로 나누는데 그 과정은 다음과 같다. 칼날 모서리를 뿌리의 끝 단면 중간에 대고 조심스럽게 밀어 반으로 살짝 나눈다. 이렇게 좌우로 나뉜 양쪽 부분을 손가락으로 잡고 바깥쪽으로 벌리면서 천천히 쪼갠다. 만약 양쪽이 균등하지 않고 한쪽은 얇게, 또 다른 쪽은 두껍게 쪼개진다면 얇은 쪽은 그대로 두고 두꺼운 쪽만 바깥쪽으로 당긴다. 이렇게 하면 두꺼웠던 부위가 다시 얇게 쪼개지면서 양쪽을 균일하게 맞출 수 있다. 뿌리를 나누는 작업은 서두르지 말고 천천히 진행하며 가능한 한 양쪽을 균등하게 나눈다. 이렇게 나눠진 뿌리의 끝단을 칼로 경사지게 잘라낸 후 그 끝이 건조하고 딱딱해질 때까지 약한 불꽃으로 가열한다. 그러면 마치 바늘처럼 날카롭고 단단해진다.

뿌리 감기는 접어 놓은 껍질의 입구 쪽부터 시작하며 껍질 바깥쪽 접힘 사이에 생긴 틈으로 뿌리를 밀어 넣어 감는다. 껍질의 안팎으로 뿌리를 단단히 감는다. 작업을 하는 동안 껍질 틈새로 뿌리를 통과시키기가 점점 어려워지는데, 이때는 송곳을 사용하여 틈새를 벌린다. 마지막으로 뿌리 끝단은 이미 감긴 뿌리 아래쪽에 밀어 넣어 고정한다. 뿌리와 껍질이 마르고 나면 칼집은 더욱 견고해진다.

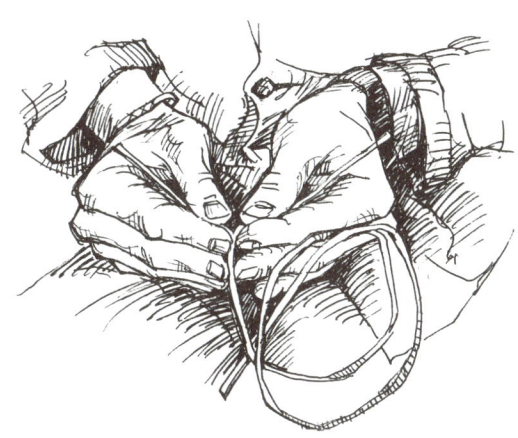

손가락을 이용해 조심스럽게 뿌리를 나눈다.

접어 놓은 껍질의 입구 쪽부터 뿌리 감기를 시작한다. 뿌리를 감는 방법에 따라 칼집의 느낌을 다르게 할 수 있다. 원하는 패턴에 따라 껍질의 안쪽과 바깥쪽으로 뿌리를 감는다.

숟가락과 국자

우리 집 부엌에는 다양한 모양의 숟가락과 국자들이 있다. 용도는 각기 다르며 크게 식사용과 서빙용으로 나뉜다. 그중 크고 넉넉한 칼날 모양의 볼을 가진 잼 주걱이 있는데 속이 깊은 국자처럼 생겼다. 또 다른 숟가락은 라자냐의 겹겹이 쌓인 층을 관통해 자를 수 있도록 볼의 한쪽이 비스듬히 경사져 있다. 이밖에 깊은 유리병 바닥까지 닿을 수 있게 거의 90° 각도로 볼이 꺾인 긴 국자와 다양한 소스를 위한 짧은 손잡이를 가진 여러 개의 서빙 숟가락들 그리고 식사를 위한 더 작은 숟가락들이 있다.

만약 자연스럽게 굽어 자란 나무를 찾아 숟가락이나 국자를 만들면, 손잡이 끝부터 볼 끝부분까지 전체적으로 섬유질을 따라 모양을 만들기 때문에 오래도록 튼튼하게 사용할 수 있다.

도구 초핑 블록, 활톱, 프로우, 나무망치, 도끼, 접이식 톱(예 : 포켓보이, 레드 170mm), 셰이빙 홀스, 드로 나이프, 후크 나이프, 붓, 연필, 사포(선택 사항 : #120, #180, #220, #320, #400)

재료 L 또는 S자 모양의 지름 45~85mm의 옹이가 없는 굽어 자란 활엽수, 로 린시드 오일, 전문가용 유화 물감

껍질이 뒤틀려 자란 나무는 재료로 적합하지 않다. 만약 이러한 나무로 숟가락을 만들려고 하면, 반으로 쪼갤 때 뒤틀려 쪼개지고 숟가락의 형태를 잡기도 힘들다. 숟가락이나 국자의 모양과 크기는 나무의 형태에 따라 결정된다. 재료의 크기를 최대한 이용해서 볼을 가능한 한 크게 만들며, 섬유질을 따라 굽은 곳은 볼을 만들기 좋은 자리이다. 볼이 시작되는 굽은 부위에서 섬유질 방향이 변하며 볼과 손잡이의 각도는 평행해야 한다. 숟가락으로 사용할 수 있는 손잡이의 각도는 볼을 기준으로 90°까지 가능하다.

튼튼하고 내구성이 강한 숟가락을 만들기 위해서는 볼 부분의 디자인과 배치가 매우 중요하다. 사용하는 재료의 굽은 정도는 볼의 형태를 결정하며, 볼의 바닥에서 손잡이 끝까지 섬유질이 끊어지지 않게 배치하는 게 중요하다.

굽어 자란 나무 찾기

작업에 적합한 굽은 블랭크를 찾으려면 숲속에 있는 나무들의 몸통(또는 줄기)을 주의 깊게 관찰해야 한다. 숟가락과 국자로 쓰일 좋은 재료를 찾는 과정은 그것들을 만드는 것만큼이나 즐거운 일이다.

몸통이 굽은 나무들은 보통 오래된 도랑이나 비탈진 곳에서 자란다. 4mm보다 두꺼운 죽은 나뭇가지는 섬유질의 방향이 바뀔 수 있다. 죽은 나뭇가지가 나무 몸통 속에 묻혀 자라면서 숟가락 볼에 딱 맞는 구부러진 섬유질 층을 만든다. 그러나 죽은 나뭇가지가 휘어진 나무의 바깥쪽에 남아 있다면, 숟가락 재료로는 쓸모가 없다. 그리고 바나나 모양처럼 완만하게 휘어진 나무는 주방 도구로서 기능적인 각도를 얻기 어렵기 때문에 사용하지 않는다.

나무를 자르기 전에 우선 어떻게 자를지 계획을 세운다. 첫 번째 절단은 나무의 장력과 무게를 덜기 위한 절단으로, 사용하려는 재료의 범위보다 가능한 한 멀리 떨어져 잘라야 한다. 톱질하는 동안 잘려 나가는 나무의 위쪽 부분이 쓰러지면서 발생하는 쪼개짐이 아래쪽으로 연장되면 사용하려는 재료 부분이 손상될 수 있기 때문이다.

재료로 사용될 블랭크의 양쪽 끝 단면은 나무 속 중심부와 90° 각도로 절단해야 한다. 그래야 잘라 낸 재료를 초핑 블록 위에서 안정되게 쪼갤 수 있다. 잘라 낸 블랭크를 쪼개기 전에 먼저 도끼를 이용해 블랭크 양옆의 껍질을 제거한다. 그러면 블랭크가 쪼개지는 상태를 볼 수 있다. 만약 쪼개지면서 심하게 뒤틀린다면, 양쪽 끝 면에 도끼와 나무망치를 사용해서 쪼개짐을 수정한다.

두 개의 숟가락 블랭크 분리하기

블랭크의 수심(Pith: 나무 단면의 나이테 중심부)부터 나누기 시작하는 데에는 두 가지 이유가 있다. 첫째, 나무는 블랭크의 수심을 따라 쪼개지고, 그 쪼개짐은 블랭크의 굴곡을 따라간다. 둘째, 수심 주위 약 10mm는 미성숙재여서 물이나 국물이 많은 음식과 접촉하면 건조되는 과정에서 갈라지기 쉽다.

이러한 이유로 숟가락이나 국자의 최종 모양을 디자인하기 전에 이 부분을 제거해야 한다. 먼저 블랭크의 뒤틀림이 어느 정도인지를 확인한 후 만약 블랭크에 뒤틀린 섬유 구조가 없다면 손잡이가 될 부분의 끝 쪽부터 쪼개기 시작한다.

블랭크를 두 개의 숟가락 재료로 나누기 위해 블랭크 끝 단면에 도끼나 프로우의 칼날을 수심 부위에 직각으로 올려놓는다.

이때 손잡이로 사용할 부분의 끝 쪽부터 쪼개기 시작한다. 이렇게 하면 블랭크가 초핑 블록에 좀 더 안정적으로 놓여서 볼 쪽부터 쪼개는 것보다 더 쉽다. 만약 블랭크의 모양이 뒤틀렸다고 의심된다면, 볼 끝 쪽부터 쪼갠다.

또한, 블랭크의 굴곡이 크면 그것을 쪼갤 때 평행으로 여러 개의 균열이 생길 수 있다. 이렇게 되면 숟가락 볼 부분의 크기가 기대했던 것보다 줄어든다. 이럴 때는 쪼개지는 선을 따라 볼과 평행하게 톱으로 잘라 낸 후, 프로우나 쐐기를 사용해 블랭크의 나머지 부분을 나눈다.

블랭크가 아주 좋은 경우, 쪼개진 두 개의 블랭크 중 안쪽 블랭크로 숟가락을 만들고, 바깥쪽 블랭크로 좀 더 큰 국자를 만들 수 있다. 수심 주위에 있는 미성숙재는 도끼로 제거한다.

모양 잡기

나무껍질을 모두 제거하고 칼이나 드로 나이프로 블랭크를 다듬는다. 그런 다음 도끼로 건목을 치기 위해 블랭크에 대략의 형태를 그린다. 이때 블랭크를 측면과 정면에서 살펴보면서 숟가락 또는 국자의 형태를 상상해 본다. 측면에서 보이는 숟가락이나 국자의 형태는 볼(Bowl), 스템(Stem) 그리고 손잡이(Handle)로 구성되며, 전체적으로 S자 형태를 이룬다.

손잡이는 엄지와 검지로 편하게 잡을 수 있도록 얇게 만들고, 스템은 음식물을 뜰 때 볼에 가해지는 힘을 견딜 수 있도록 두껍게 만든다. 볼은 전체적으로 얇고 균일한 두께로 만들지만, 단면이 노출된 스템 끝부분은 부러지거나 깨지는 것을 방지하기 위해 살짝 두껍게 한다. 숟가락을 정면에서 보았을 때 손잡이는 폭이 꽤 넓고 스템은 좁아야 한다. 반대로 숟가락을 측면에서 보았을 때는 손잡이가 상당히 얇고 스템이 넓어 보인다. 이러한 형태는 힘을 받는 스템 부위를 견고하게 만들어 준다.

숟가락의 크기와 용도에 따라 스템과 손잡이의 비율은 달라진다. 예를 들어, 깊은 단지에 사용하기 위한 긴 손잡이의 숟가락은 가파른 각도의 볼이 필요하다. 반면, 스템과 손잡이 부분은 볼이 병 바닥에 도달할 수 있도록 직선 형태로 만들어야 한다. 또한, 수프나 소스를 위한 국자는 각도가 큰, 컵 모양의 볼이 필요하다. 숟가락을 만들 때 굽어 자란 블랭크 대신 곧은결의 나무를 사용할 수도 있다. 이때 가능한 한 길고 똑바른 섬유질이 숟가락 볼 부분에 많이 포함되도록 블랭크 면에 숟가락의 윤곽을 그린다. 볼 끝 단면에 드러난 섬유질은 균열을 일으키

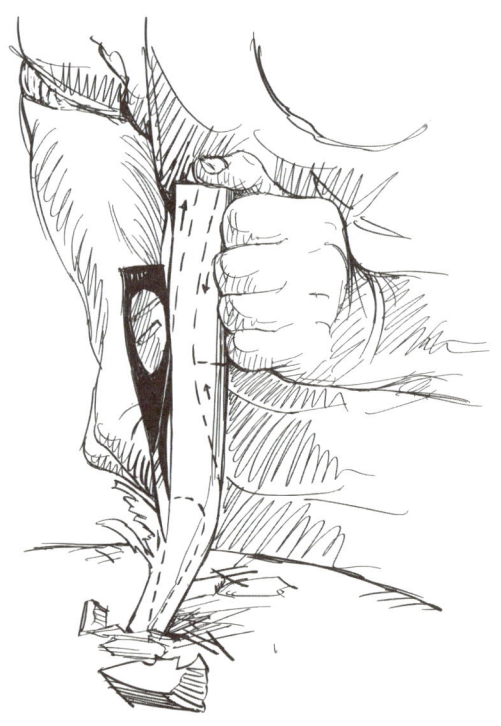

측면 보기. 숟가락 형태를 측면에서 봤을 때 볼을 평평하게 깎는 것이 언뜻 잘 이해되지 않을 수도 있지만, 볼의 밑면은 반드시 섬유질 방향대로 깎아야 한다는 것을 기억하자.
블랭크의 볼 쪽 면을 초핑 블록 위에 대고 볼 뒷면 전체를 섬유질 방향에 따라 깎는다. 시저 그립으로 표면을 매끄럽게 깎은 다음 숟가락의 윤곽선을 다시 그린다.

는 원인이 될 수 있으므로 곧은결로 만든 숟가락 볼 끝부분은 주변 부위보다 반드시 좀 더 두꺼워야 한다.

도끼와 드로 나이프로 건목 치기

블랭크를 초핑 블록 위에 올린다. 블랭크의 정면부터 시작해서 스템과 손잡이 각 측면의 불필요한 부분을 제거한다. 효율적인 작업을 위해 손잡이를 따라 일정한 깊이로 릴리프 컷을 한 후 깎는다.

이제 블랭크의 측면을 보면서 작업한다. S자 모양의 숟가락은 세 군데에서 건목을 치는데, 이때 숟가락의 기능을 위해 볼, 스템 그리고 손잡이 사이의 올바른 각도를 유지하는 것이 중요하다.

1. 숟가락 볼을 측면에서 보았을 때 볼의 윗면을 약간 오목하게 깎아 전체 모양을 쐐기 형태로 만든다.

2. 스템과 손잡이 사이에서 각도가 바뀌는데, 이 부분은 얇게 만든다. 종종 이 부분에서 나뭇결이 바뀌기 때문에 양쪽 방향에서 깎아야 한다. 만약 제거해야 할 부분이 많다면 구부러진 구간에 릴리프 컷을 한 후 깎는다. 이렇게 하면 좀 더 쉽고 빠르게 불필요한 부분을 제거할 수 있다.

3. 손잡이 윗면을 칼로 평평하게 다듬고 두께를 조정한다. 또 다른 방법으로는 블랭크를 셰이빙 홀스에 고정한 후 드로 나이프를 이용하는 것이다.

4. 이제 다시 숟가락을 정면에서 보면서 스템을 깎는다.

이렇게 건목 치기가 끝난 숟가락을 대칭으로 만들려면 볼 끝과 손잡이 끝 중심에 점을 표시한 다음, 이 두 개의 표시가 맞닿게 직선으로 선을 긋는다. 그리고 이 선을 기준으로 좀 더 세밀한 숟가락의 윤곽선을 그린다. 건목의 형태를 검토하는 간단한 방법은 블랭크를 들고 팔을 쭉 편 다음, 사방으로 돌려 가며 전체적인 형태를 확인하는 것이다.

칼로 깎기

볼의 크기와 형태를 정확히 정하기 위해 볼 바깥 면과 윗면 사이의 모서리를 90° 각도로 깎는다. 볼의 테두리 부분을 다른 곳보다 살짝 두껍게 만들면 볼 형태를 안정적으로 유지하는 데 도움이 된다. 숟가락이 건조된 후, 이 테두리의 바깥쪽 모서리를 약간 경사지게 깎아 전체적으로 완만한 각도를 만든다.

본격적으로 파워 그립(107p 참조), 시저 그립(108p 참조), 풀 그립(109p 참조) 및 캔 오프너 그립(111p 참조)을 사용하여 작업한다. 칼질할 때는 가능한 한 길고 고르게 밀거나 당긴다. 이렇게 하면 면과 면 사이의 경계를 뚜렷하고 깔끔하며 매끄럽게 만들어서 형태를 잡는 데 효율적이다. 숟가락의 스템과 손잡이 사이처럼 두께가 바뀌는 곳에서 폭이 넓어지거나 좁아지도록 한다. 그리고 적절한 나이프 그립으로 자주 바꿔 작업한다.

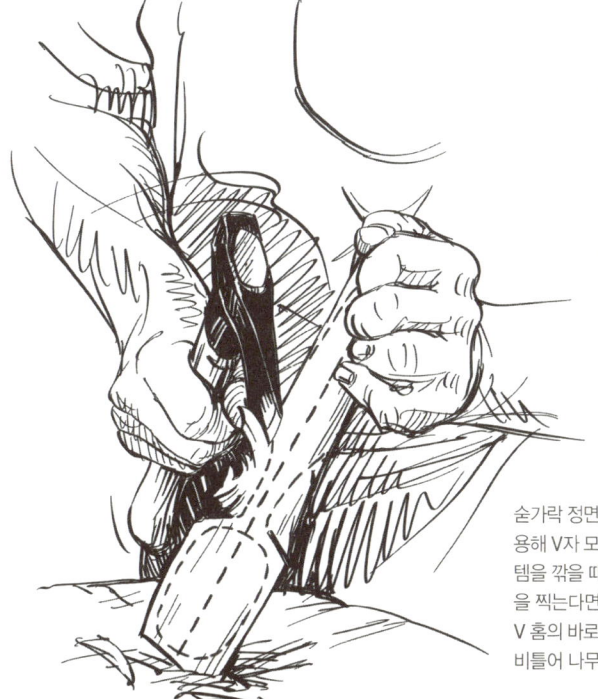

숟가락 정면 보기. 스템과 볼이 만나는 곳을 깎기는 쉽지 않다. 이곳에 도끼나 톱을 이용해 V자 모양의 홈을 만들고 시작하면 좀 더 쉽게 작업할 수 있다. 도끼를 사용해 스템을 깎을 때는 매우 조심해야 한다. 만약 도끼날이 스템을 지나쳐 볼의 뒤쪽 끝 단면을 찍는다면 숟가락이 건조되는 과정에서 균열이 생길 수 있다.
V 홈의 바로 앞쪽에서 도끼질을 멈추고, 스템 부위에서는 도끼질을 한 상태로 도끼를 비틀어 나무를 떼어 낸다. 또 다른 방법은 캔 오프너 그립으로 나무를 깎는 것이다.

일반적으로 스템에서 손잡이까지의 아랫부분은 윗쪽의 평평한 면과는 달리 양쪽 모서리 부분을 안쪽으로 경사지게 깎아 두껍거나 투박해 보이지 않게 한다. 풀 그립은 이렇게 볼의 아래쪽에서 스템 방향으로 깎을 때 유용한 그립 중 하나이다. 숟가락을 깎는 것은 형태를 디자인하는 과정의 일부이며, 그것의 기능과 두께에 중점을 둔다. 손잡이와 스템 그리고 볼 사이의 균형을 맞추고 모든 각도에서 본 최종 형태가 만족스러울 때 모서리들을 깎아 마감한다.

볼 속 파내기

숟가락 볼 속을 파내기 전에 먼저 볼 윗면 테두리에서 안쪽으로 약 3mm 경계선을 그린다. 스템과 연결되는 볼 뒤쪽 끝 단면 부분은 조금 더 두껍게 만드는데, 이렇게 하면 깨지기 쉬운 끝 단면의 나무를 좀 더 튼튼하게 지탱하기 때문이다.

후크 나이프를 사용해 볼 속을 파기 시작한다. 후크 나이프의 손잡이를 엄지를 제외한 나머지 손가락 사이에 넣어 감싸 쥔다. 이 상태에서 손가락으로 손바닥을 쥐어짜듯이 주먹을 쥐면 칼은 약간의 곡선을 그리며 회전한다. 블랭크를 무릎 위에 올려 놓고 후크 나이프를 당겨 섬유질을 가로질러 깎는다. 이때 안전을 위해 엄지의 위치에 주의하고, 칼날을 잡아당겨 블랭크를 파낼 때 칼날은 볼의 섬유질 방향과 평행해야 한다.

후크 나이프의 볼록하게 굽은 날 부분을 블랭크 표면에 눌러 지지한다. 볼의 중앙부터 작고 얕게 파내기 시작하여 점점 더 넓고 깊게 파낸다. 주먹을 쥐듯이 네 개의 손가락을 움켜쥐면서 칼날을 앞으로 당기고 동시에 엄지는 볼 옆면에 밀착한 후 블랭크를 밀어내듯 깎는다. 이때 칼날에 엄지를 베이지 않도록 주의한다.

볼의 내부가 점점 깊어질수록 후크 나이프 손잡이 잡는 위치를 조금씩 달리해서 깎는다. 엄지를 중심점으로 하고 속을 파낼 때마다 팔꿈치는 바깥쪽으로 회전시킨다. 후크 나이프를 움푹 파인 곳의 면과 일치시키며 돌려 깎는다. 볼의 파인 면과 일치하는 각도를 찾기 위해서는 이 그립을 연습해야 한다.

엄지를 후크 나이프의 날보다 아래쪽에 두거나 두꺼운 붕대, 의료용 테이프 또는 케블러 장갑(Kevlar glove: 고탄성, 고강력 섬유를 사용한 장갑)을 사용하여 보호한다.

후크 나이프를 쥐었을 때 칼날 모서리가 왼쪽에 있으면 오른손잡이용, 오른쪽에 있으면 왼손잡이용이다. 자신에게 적합한 후크 나이프를 사용해 속 파기 작업의 대부분을 끝낸다. 볼의 어떤 부분은 깎기가 쉽지 않은데 만약 오른손잡이라면 볼의 왼쪽 구석 부분(숟가락 손잡이를 위쪽으로 하고 정면에서 보았을 때)을 깔끔하게 파내기 어렵고, 왼손잡이라면 그 반대쪽 구석을 파내기 어렵다. 이 부분을 파내기 위해서는 반대쪽 날을 가진 후크 나이프를 사용하여 오른손잡이는 왼손 엄지로, 왼손잡이는 오른손 엄지로 칼날 뒤쪽을 민다. 이때 숟가락의 손잡이는 몸쪽을 향한다. 이 밀어 주는 엄지를 중심점으로 칼을 쥔 쪽의 팔꿈치를 몸의 안쪽으로 당긴다(섬 그림, 108p). 이렇게 작업이 진행되는 동안 숟가락은 점점 모양을 갖춘다.

볼의 가장 깊은 부분은 스템이 시작되는 곳이기도 하며 가장 크게 굽어 있다. 이 오목하게 파인 면은 볼 끝부분으로 갈수록 그 깊이가 점점 얕아진다. 볼의 내부와 외부를 번갈아 깎으면서 엄지와 검지 사이로 볼 두께를 확인한다. 평균적인 볼 두께는 3~4mm이다. 굽어 자란 나무를 사용하면 섬유질이 끊

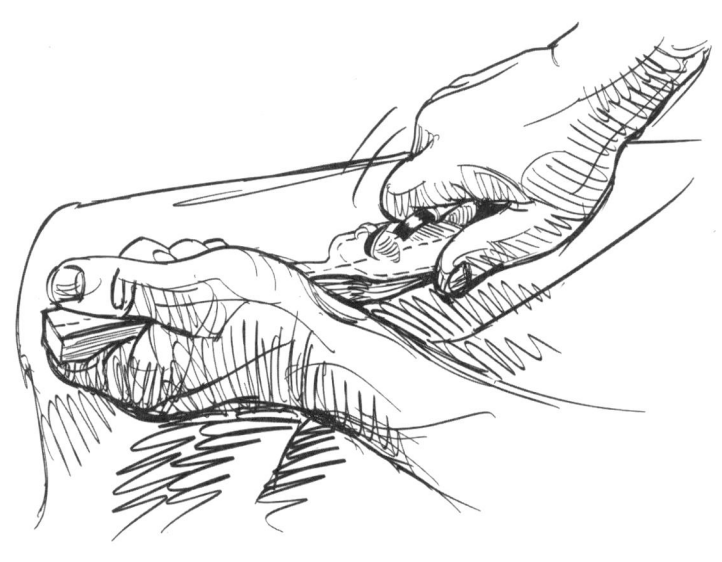

어지지 않기 때문에 볼을 균열 없이 1mm 정도까지 얇게 만들 수 있다. 숟가락을 사용할 때 볼에 가해지는 스트레스를 견딜 수 있게 항상 볼 끝부분은 볼의 다른 부위보다 약간 두껍게 만든다. 만약 섬유질 방향을 따르지 않는 디자인이라면 볼은 1~2mm 정도 더 두껍게 한다. 식사용 숟가락이면 볼 내부의 최대 깊이는 7mm 이하가 좋다. 직접 입안에 넣어 보면서 모양과 기능을 테스트해 보자!

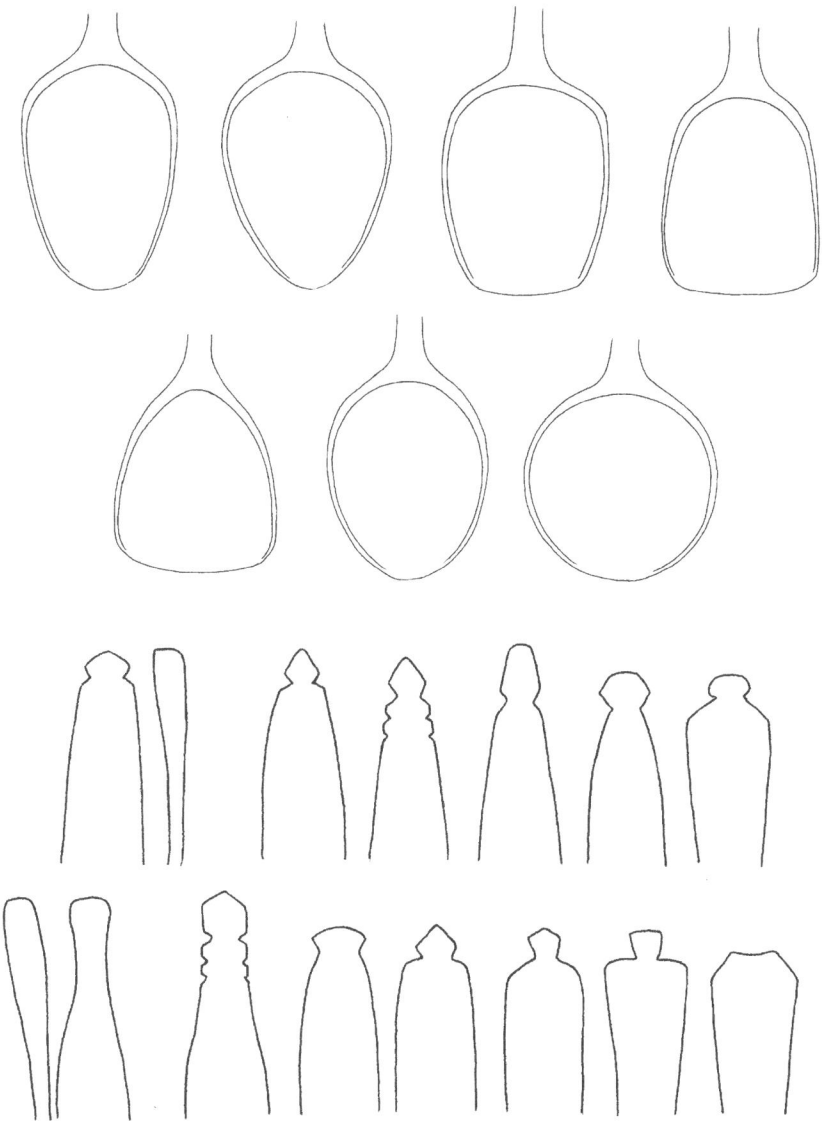

빌레 순크비스트가 만든 숟가락 볼, 손잡이 그리고 꼭지 장식 모양들

건조와 건목 마무리하기

가장 쉬운 건조 방법은 축축한 블랭크를 헝겊에 싸서 공기의 습도에 따라 며칠 또는 일주일까지 실온에서 건조하는 것이다.
생목으로 작업할 때 결이 바뀌는 곳에서 나무가 찢기거나 뜯기지 않게 칼질하는 것은 쉽지 않다. 1차로 가공된 건목이 완전히 마르면 불필요한 부분을 한 번 더 깎아 내어 모든 면을 깨끗하고 매끄럽게 한다. 크로스드 섬 그립(112p 참조)은 칼을 제어하여 나뭇결이 바뀌는 곳에서 쉽게 멈출 수 있는 기술이다.

또한, 섬 그립을 사용하여 표면을 길게 깎아 마무리하고 꼭지 장식으로 손잡이 끝부분도 마무리한다. 이때 손잡이의 나머지 부분보다 끝부분을 약간 두껍게 한다. 이렇게 하면 숟가락을 입에서 빼낼 때 손이 손잡이 끝 쪽으로 미끄러져 빠지지 않게 하고 숟가락이 끝나는 곳을 느낄 수 있다. 칩 카빙을 이용해 제작 연도와 작업자의 이름 등 다양한 문양을 손잡이에 새겨 넣는 것도 재미있고 도전해 볼 만하다. 손잡이 뒷면에 서명하는 것은 스웨덴 전통이기도 하다.

숟가락 볼의 안쪽은 음식물이 잘 떨어질 수 있도록 매끄러워야 한다. 그런데 후크 나이프로 이 부분을 매끄럽고 부드럽게 처리하기 위해서는 숙련된 기술과 많은 연습이 필요하다. 그리고 섬유질을 매끄럽게 절단하기 위해서는 아주 날카로운 칼날이 필요하다. 볼의 안쪽을 부드럽고 매끄럽게 마감하는 방법 중 하나는 사포를 이용하는 것이다. 사포를 이용하면 후크 나이프로 마무리하는 것보다는 쉽지만 지루한 작업이다. 우선 120방 사포를 사용하여 나뭇결 방향으로 사포질을 한다. 모든 칼자국이 없어지면 표면이 매끄럽고 부드러워질 때까지 점점 더 고운 사포로 바꿔 가며 간다. 그리고 사포질한 표면을 물에 적시면 나무 섬유질이 일어나는데 이 상태로 몇 시간 동안 숟가락을 더 말린 후 400방으로 최종 마무리한다.

도장 및 표면 처리

완성된 숟가락에는 무독성 마감재를 사용한다. 저온 압착한 로 린시드 오일은 숟가락을 마무리하는 데 가장 좋다. 오일 처리된 표면을 완전히 산화시키고 말리기 위해서는 적어도 몇 달 동안 공기 중에서 자연 건조를 해야 한다. 그런데 충분히 건조되기 전에 숟가락을 뜨거운 음식에 사용하면 음식을 먹을 때 오일 맛이 느껴질 수 있다. 오래 사용하여 숟가락 표면의 오일이 빠져나가면 다시 오일을 바른다. 만약 숟가락에 칠을 한다면 전문가용 유화 물감을 추천한다.

칠을 할 때는 보일드 린시드 오일(Boiled linseed oil)을 유화 물감에 소량 희석해서 사용한다. 이렇게 하면 붓질을 쉽게 만들고 로 린시드 오일보다 더 빨리 마른다.

숟가락의 손잡이에서 스템의 절반 정도까지 칠한 후 건조시킨다. 이때 음식물이 닿는 부분은 칠하지 않는다. 칠이 되지 않은 볼 부분은 로 린시드 오일이 채워진 용기에 담가 두는데 스템의 칠 경계선까지만 담근다. 이 상태로 몇 시간 두었다가 빼낸 후 천으로 닦아 상온에서 자연 건조한다. 볼 부분에 침투한 오일은 천천히 건조되지만, 일주일 후 차가운 음식에는 사용할 수 있다.

행어

스칸디나비아의 오래된 농부의 집과 노르웨이의 교회에서는 종종 외투와 모자를 걸 수 있는 유용하고 아름답게 조각된 행어Hanger를 볼 수 있다. 하나 또는 그 이상의 나뭇가지가 달린 줄기 부분을 이용하면 튼튼하고 멋진 행어를 만들 수 있다. 나뭇가지의 생김새가 행어의 형태를 결정하는 큰 요소이기 때문에 행어에 적합한 재료를 찾았을 때는 지주에게 허락을 받은 후 나무를 잘라야 한다.

코트, 모자, 장갑 및 기타 물건들을 위한 행어를 복도에 걸어 두면 아주 실용적이다. 행어의 뒷면은 평평하게 하여 벽에 고정하고, 나뭇가지의 끝은 꼭지 장식으로 꾸민다.

도구 톱, 도끼, 드릴, 칼, 칩 카빙 나이프(선택 사항 : 드로 나이프와 셰이빙 홀스)

재료 자작나무, 마가목 그리고 다양한 과일나무들은 목질이 단단해서 행어 만들기에는 최고의 재료이다. 만약 걸이 부위가 길고 우아한 형태의 행어를 만들길 원한다면, 회색 오리나무, 버드나무, 참피나무, 빨리 자란 가문비나무 및 소나무와 같이 섬유질이 짧고 촘촘하지 않은 나무는 피한다.

나무줄기에서 가지만큼 강한 이음새는 없다. 나뭇가지는 바람과 눈에 노출되어 나무줄기를 만나는 곳에서 자연스럽게 강해진다. 그리고 연결 부위가 따로 없다는 것은 행어를 만들고 사용할 때 커다란 장점이 된다.

블랭크 들판이나 길 근처에서 자라는 나무를 선택한다. 이곳의 나뭇가지들은 빛을 향해 뻗어 자라고 숲에서보다 더 조밀하게 자란다. 나무줄기의 같은 쪽에 여러 개의 나뭇가지가 모여 있는 길이 약 35~40cm의 블랭크를 찾는다. 그리고 먼저 어떤 용도로 사용할 것인지를 정한다.

가지가 달리지 않은 반대쪽 나무의 절반은 세로 방향으로 쪼개서 제거하고, 쪼갠 면은 벽에 붙여 고정할 수 있게 평평하게 다듬는다. 일반적으로 슬뢰이드를 하는 사람들은 블랭크를 구할 때 나무 한 그루를 잘라서 사용하고, 쓰고 남은 부분들은 다른 프로젝트 혹은 작업실 난방 등에 사용한다.

먼저 나무를 뿌리에 가깝게 자른다. 이렇게 벤 나무에서 원하는 블랭크의 길이보다 각각 5cm씩 길게 양쪽 끝을 잘라 낸다. 그리고 나뭇가지를 길이 방향으로 자를 때는 잘리는 면이 쪼개지지 않도록 주의하고, 만들려는 최종 길이보다 조금 더 길게 다듬는다.

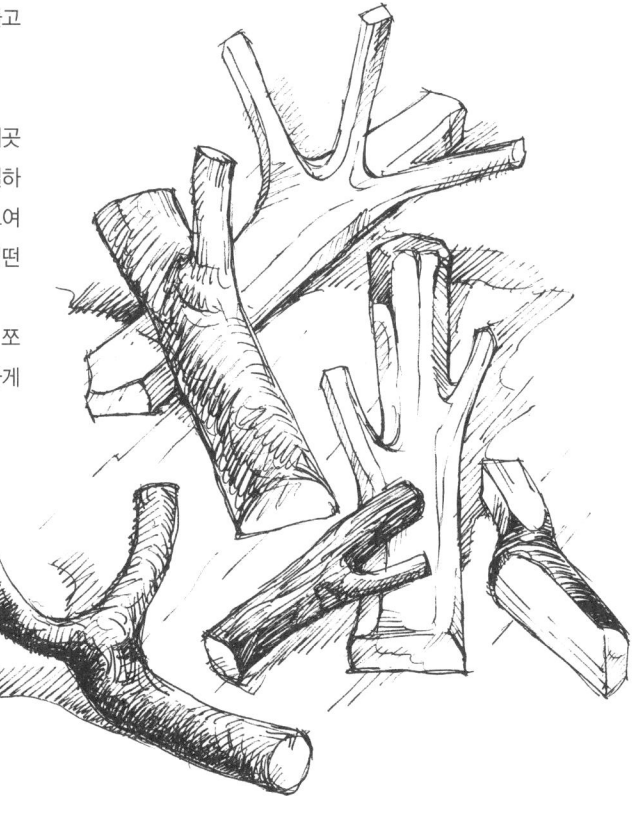

도끼날의 각도와 시선을 나란히 하고 블랭크 뒷면을 다듬는다. 이 자세는 블랭크 뒷면을 평평하게 하는 데 유용하다.

정확한 슬라이싱 컷(Slicing cut: 블랭크를 베듯이 깎는 기법)을 위해서는 도끼가 원을 그리며 블랭크를 내려치게 한다. 이때 팔뚝에 가해지는 충격을 피하기 위해서 도끼날이 블랭크를 치기 직전에는 도끼 손잡이를 더 단단히 쥔다.

만약 도끼질 중에 팔뚝이 저리거나 아프기 시작하면 팔을 곧게 펴서 손바닥을 초핑 블록이나 의자의 좌판처럼 평평한 면 위에 올려놓고 앞뒤 좌우로 스트레칭한다. 또한, 작업 틈틈이 잠깐이라도 휴식을 취해 피로가 누적되지 않게 한다.

칼로 깎기

만약 셰이빙 홀스를 사용해서 블랭크를 고정할 수 있다면, 드로 나이프로 면 다듬기를 할 수 있다(56p 참조). 물론, 도끼와 칼만 사용하는 것도 가능하다. 블랭크의 앞과 옆면을 매끄럽고 고르게 깎고 튀어나온 나뭇가지를 기준으로 양쪽 끝단으로 갈수록 두께가 조금씩 얇아지게 다듬는다. 단조못(Forged nail)이나 나사못을 박을 위치를 정하고, 직경 4~5mm 드릴 날을 이용해 블랭크에 구멍을 뚫는다. 걸이를 벽에 튼튼하게 고정하기 위해서는 못 구멍 주변 두께가 적어도 15mm 이상이 돼야 한다.

이제 재미있는 칼 작업이 시작된다! 행어를 다듬을 때, 튀어나온 가지는 작업에 방해가 된다. 이때 다양한 나이프 그립을 사용해서 가지 주변 부위를 깎아 보고, 그 방법들을 차분히 숙지하자. 이 작업을 위해 필요한 나이프 그립은 다음과 같다.

도끼로 뒷면 다듬기

도끼로 블랭크 뒷면을 평평하게 다듬는다. 나뭇가지가 있는 블랭크 부분은 나뭇결이 곧지 않고 물결 모양으로 휘어져 있어서 잘 쪼개지지 않는다.

블랭크의 길이 방향에 따라 평평한 정도를 확인한 후, 만약 면이 휘어 있다면 한 번 더 다듬는다. 오른손잡이라면 왼쪽 다리를 초핑 블록 가까이에 두고, 오른쪽 다리는 뒤쪽 대각선 방향으로 한 걸음 정도 뺀다. 이렇게 하면 몸의 안정감과 함께 올바른 스윙 자세를 만들고, 만약 잘못된 스윙으로 인해 도끼가 초핑 블록을 벗어났다고 해도 다리를 다치지 않을 만한 안전거리를 확보할 수 있다.

몸 전체를 사용해서 도끼 타격 부위에 힘을 가한다. 도끼 손잡이는 느슨하지만 안정되게 잡고 도끼의 중량과 가속도를 이용해 스윙한다.

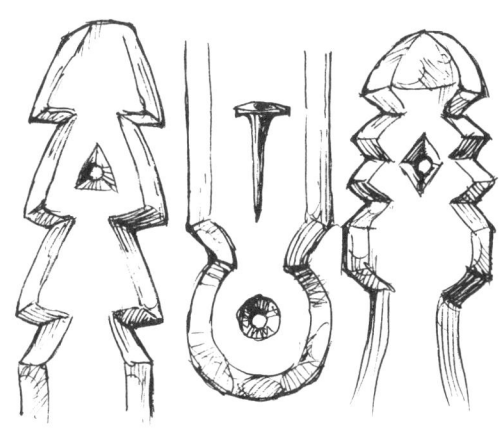

못 구멍 주위의 다양한 장식 요소

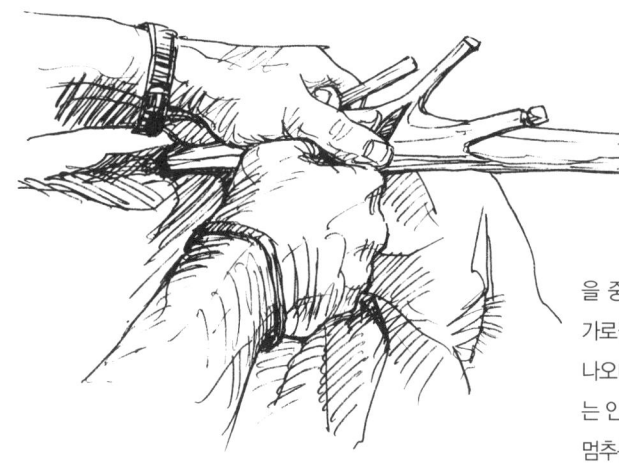

크로스드 섬 그립

크로스드 섬 그립(Crossed thumb grip) 표면을 매끄럽게 깎기 위해서는 나뭇결이 바뀌는 곳을 빠르게 인지하고 칼의 진행 방향을 바꿔야 한다. 이렇게 수시로 작업의 방향이 바뀌기 때문에 이 그립은 칼 쥔 손의 밀고 당기는 힘의 조합이 필요하다. 이 그립은 밀고 당기는 두 가지 구성 요소로 인해 이전에 사용한 그립보다는 좀 더 복잡하다.

칼을 안쪽으로 밀어 깎을 때는 칼날에 가깝게 칼 손잡이를 잡고 칼날 모서리 방향이 작업자를 향하게 한다. 칼 쥔 손의 엄지는 블랭크의 윗면에 대어 지탱하고 동시에 칼날은 블랭크와 90° 각도에 둔다. 그리고 칼날의 끝부분을 블랭크에 댄다. 다른 손의 엄지는 칼날 밑쪽 칼등에 올린 후, 좀 더 안정적으로 칼질을 제어하기 위해 칼날 경사면을 블랭크에 대고 45° 각도로 누른다. 그런 다음 칼을 쥔 손의 엄지를 블랭크에 단단히 고정하고 이곳을 중심점으로 칼날 끝에서부터 밑으로 호를 그리며 블랭크를 가로질러 깎는다. 이때 블랭크를 깎는 힘은 팔꿈치와 어깨에서 나오며 손목의 각도는 일정하게 유지한다. 이 과정에서 팔꿈치는 안팎으로 움직이고, 칼을 쥔 손의 검지는 블랭크를 만났을 때 멈추는 역할을 한다.

다음 칼을 당겨 깎는 과정은 섬 그립과 같다. 안으로 밀어 깎는 과정이 끝나면 칼날 아래쪽이 블랭크에 닿는다. 이때 칼을 뒤집어서 칼날 모서리를 밖으로 향하게 한다. 안으로 밀어 깎기와는 반대로 칼날은 밑에서부터 끝으로 움직이고 블랭크를 쥔 손의 엄지는 칼등을 민다. 동시에 칼을 쥔 손은 블랭크에서 멀어지면서 호를 그리며 나무를 벤다. 원하는 상태가 될 때까지 이 과정을 반복한다.

크로스드 섬 그립은 손잡이를 만들 때 V 홈을 내거나 페그 보드(Peg board)의 페그를 깎을 때도 꼭 필요한 기술이며 정확하고 효율적으로 칼의 움직임을 조절할 수 있다.

섬 그립(Thumb grip) 나뭇가지가 줄기를 만나는 지점에 칼끝의 둥근 부분을 사용하여 칼을 쥐지 않은 손의 엄지로 밀어 깎는다. 모라크니브 120과 106은 칼끝이 좁아지고 둥글어서 블랭크 표면을 오목하게 깎기 쉽다.

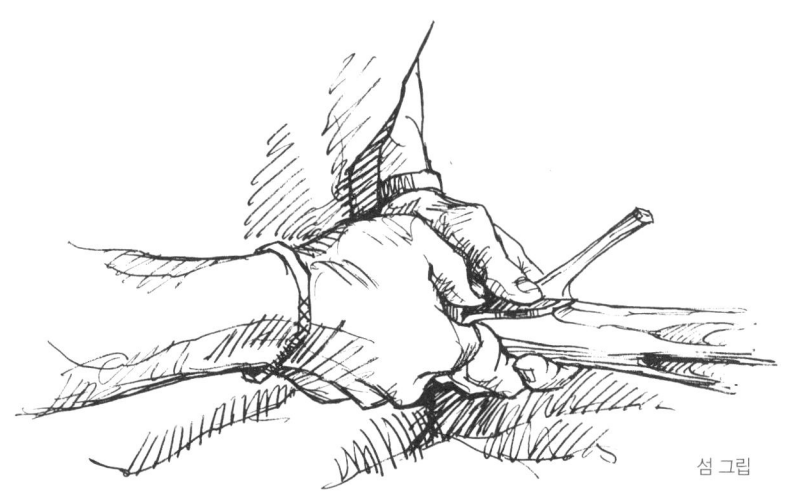

섬 그립

블랭크를 쥔 손의 손가락으로 밀어 깎기 블랭크를 깎을 때 칼질에 좀 더 힘을 보태거나 정교한 조절을 위해 블랭크를 쥔 손의 손가락으로 칼등을 민다. 이때 블랭크를 쥔 손이 칼날에 베이지 않도록 항상 칼날보다 아래쪽에 둔다.

손가락들을 칼등에 대고 블랭크를 깎는 방향으로 동시에 민다. 이렇게 증가한 힘은 원하는 곳을 좀 더 정확히 깎을 수 있게 한다. 나뭇가지의 안쪽과 줄기 사이의 곡선 부분을 깎기 위해서는 힘과 기교가 모두 필요하다.

전체 과정을 다시 한번 정리하면 다음과 같다.

먼저 블랭크 건목 작업 후 실온에서 1~2주간 건조한다. 건조 도중 균열을 방지하기 위해 블랭크 끝 단면에 목공 접착제를 충분히 바른다. 건목이 충분히 마르면 우선 벽에 장착될 뒷면을 평평하게 다듬는다. 나뭇가지 주변의 섬유질은 방향을 예측하기 힘들고 수시로 결이 바뀌기 때문에 엇결을 만났을 때는 그 결의 반대 방향에서 깎아야 한다. 칼을 사용해서 나무의 표면을 깨끗하고 깔끔하게 깎기가 쉽진 않지만, 그렇다고 너무 걱정할 일도 아니다. 이러한 과제들을 실력 향상을 위한 유용한 도전이라고 생각하자!

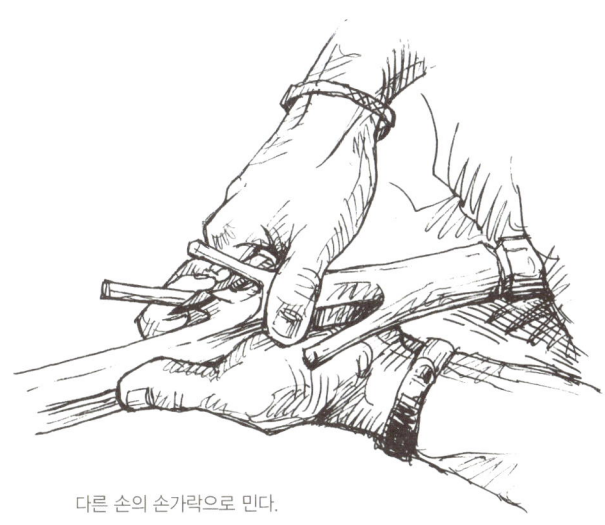

다른 손의 손가락으로 민다.

행어를 벽면에 고정할 때 사용하는 못이나 나사못의 머리 부분이 표면에 돌출되는 것을 피하기 위해 칼끝으로 드릴 구멍의 윗부분을 바깥쪽으로 비스듬히 넓혀 깎는다.

마지막으로 이름이나 날짜를 새기고, 전문가용 유화 물감으로 칠한다.

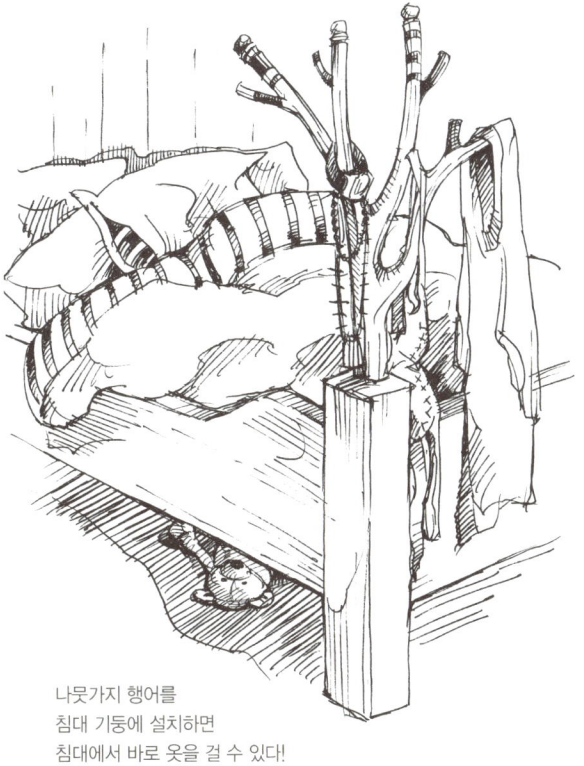

나뭇가지 행어를 침대 기둥에 설치하면 침대에서 바로 옷을 걸 수 있다!

손잡이와 걸쇠

아름답게 조각된 손잡이는 일상생활의 작은 즐거움 중 하나이다. 서랍, 선반 걸이, 수축통, 지팡이 등에 매우 유용하게 사용하며, 오래 사용할수록 사용감에 의해 아름다운 고색으로 변한다. 직접 만든 손잡이와 걸쇠를 애정 어린 손길로 사용하고 칼이 만들어낸 각각의 면을 느껴 보자! 멋지고 훌륭한 우드카빙을 만들기 위해서는 무엇보다 나이프 그립이 중요하다.

그리고 톱질된 깊이를 확인하기 위해 팔각형 블랭크의 각 면에 톱질된 자국을 살펴본다. 또한, 손잡이의 가장 가는 부위에 깊이를 표시하고 작업을 쉽게 하기 위해 톱으로 릴리프 컷을 한다. 모양이 같은 손잡이를 여러 개 만들 때는 각 위치에 파인, 톱질된 부분들이 부위 간 거리를 측정하는 데 좋은 기준이 된다. 그리고 블랭크를 팔각형으로 만들면 작업물의 형태를 더욱 쉽게 만들 수 있다.

부위별 톱질은 각기 다른 부분들을 만드는 데 좋은 기준선이 된다.

도구 도끼, 일본 톱, 칼, 망치, 드로 나이프(선택 사항)

재료 곧은결의 건조된 자작나무

손잡이 만들기

하나의 블랭크로 여러 개의 손잡이를 만드는 것이 효율적이다.

직사각형의 건조목을 약 25cm 길이로 쪼개고 셰이빙 홀스에서 드로 나이프를 이용하거나 칼을 사용해 모양을 만든다. 만약 둥근 모양의 손잡이를 만들더라도 블랭크는 우선 팔각형으로 만든다. 블랭크의 끝부분을 직각으로 깔끔하게 잘라내고 잘린 각도를 다시 한번 확인한다.

손잡이에서 장부(Tenon: 구멍으로 들어갈 부분)가 시작되는 부분을 표시하고 날이 가늘고 촘촘한 톱으로 이 부분을 돌아가며 톱질한다. 이때 장부로 사용될 부분까지 톱질하지 않도록 조심한다.

크로스드 섬 그립(Crossed thumb grip) 이 그립은 손잡이에 V 홈을 조각할 때 매우 유용하다. 번갈아가며 서로 다른 방향에서 깎는데, 먼저 '밀어 깎기'로 나무를 베고, 그다음 '당겨 깎기'로 마무리한다.

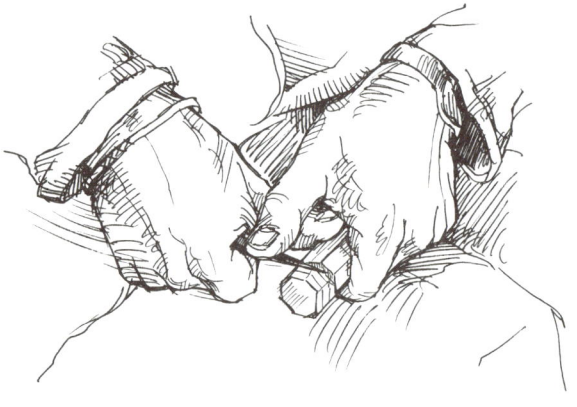

크로스드 섬 그립의 밀어 깎기

밀어 깎기(Pushing) 손가락과 손바닥이 만나는 지점에 칼 손잡이의 등이 놓이도록 칼을 잡고 검지를 칼 손잡이에서 약 5~6mm 떨어진 칼등 위에 놓는다. 이때 칼날 모서리는 엄지를 제외한 나머지 손가락의 손톱들과 일직선이 돼야 한다. 그리고 칼을 쥔 손의 엄지를 펴서 블랭크에 대고 중심점으로 사용한다.

칼날 끝에서부터 밑으로 움직이며 블랭크를 베듯이 가로지른다. 이 과정을 위쪽에서 내려다보면 칼은 블랭크에 90° 각도로 움직인다. 블랭크를 깎는 힘은 엄지를 중심으로 하여 호를 그리며 움직이는 어깨와 팔꿈치에서 나온다. 동시에 다른 손의 엄지를 칼등에 대고 힘을 가한다. 이렇게 가해진 힘은 칼날 경사면과 블랭크 사이의 마찰을 증대시키고 결과적으로 칼질을 조절하는 데 도움을 준다. 캔 오프너 그립 때와 마찬가지로 칼을 쥔 손의 검지가 칼질의 마지막 단계에서 블랭크와 만나 칼을 안전하게 멈추게 한다.

을 밀어 칼날 경사면이 블랭크 속으로 좀 더 수월하게 파고들 수 있게 한다. 이 과정을 위에서 내려다보면 밀어 깎기할 때와 마찬가지로 칼날은 블랭크를 90° 각도로 가로지르며 벤다. 이렇게 당겨 깎기 과정이 끝나면, 시작 위치로 돌아가 다시 밀어 깎기와 당겨 깎기를 반복한다.

모든 나이프 그립에서는 칼날 모서리가 나무를 베면서 밀고 들어가는 것이지, 단순히 나무를 미는 것이 아니다. 때때로 칼날 끝의 곡선 부분은 최고의 기능을 발휘한다. 자세한 내용은 32p의 행어를 참조하자.

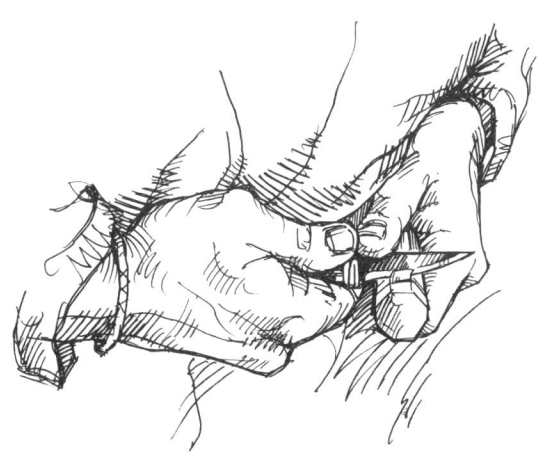

시저 그립 위드 섬 푸시

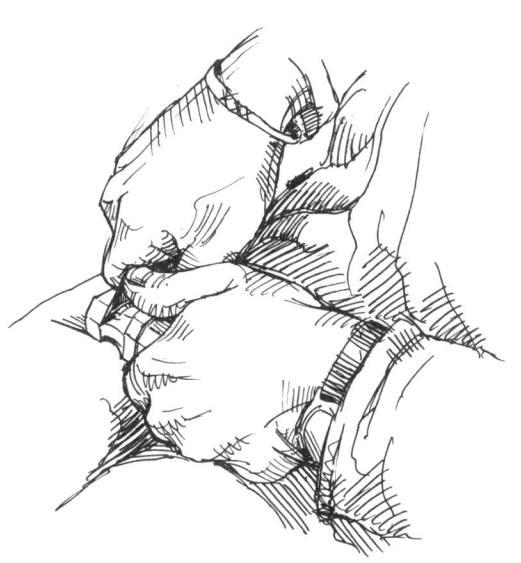

크로스드 섬 그립의 당겨 깎기
(그림과 실제 그립이 약간 다를 수 있다.)

시저 그립 위드 섬 푸시(Scissor grip with thumb push)
만약 블랭크를 오목하게 파낸다면 파인 면의 바닥 부분을 매끄럽게 깎기가 쉽지 않을 것이다. 이럴 때 시저 그립 위드 섬 푸시를 사용한다(108p 참조). 이것은 시저 그립보다 칼을 사용하는 동작이 작아서 안전하고 절제된 칼질을 할 수 있다. 블랭크를 쥔 손의 엄지를 쭉 펴서 칼등에 대고 힘을 주어 앞쪽으로 밀면서 칼날 밑에서부터 끝으로 베듯이 깎는다. 이때 칼날 경사면을 블랭크에 밀착시켜 깎는다. 그러면 칼질이 좀 더 안정되고 표면을 깨끗하게 깎을 수 있다.

이렇게 칼질을 하는 동안 팔뚝은 시저 그립처럼 가슴을 가로질러 바깥쪽으로 미끄러지지는 않지만, 양손을 가슴에 붙이고 그곳을 중심으로 하여 블랭크를 베는 동시에 엄지로 칼등을 민다.

당겨 깎기(Pulling) 밀어 깎기가 완료되면 칼날의 가장 밑부분이 블랭크와 닿는다. 이 상태에서 칼등에 놓인 엄지를 그대로 두고 칼날 모서리가 바깥쪽을 향하게 칼을 뒤집는다.

그런 다음 팔꿈치와 어깨를 몸 쪽으로 당기면서, 밀어 깎기와는 반대로, 칼날을 밑에서부터 끝으로 움직이며 베듯이 깎는다. 이때 블랭크를 쥔 손의 엄지도 칼의 움직임과 동시에 칼등

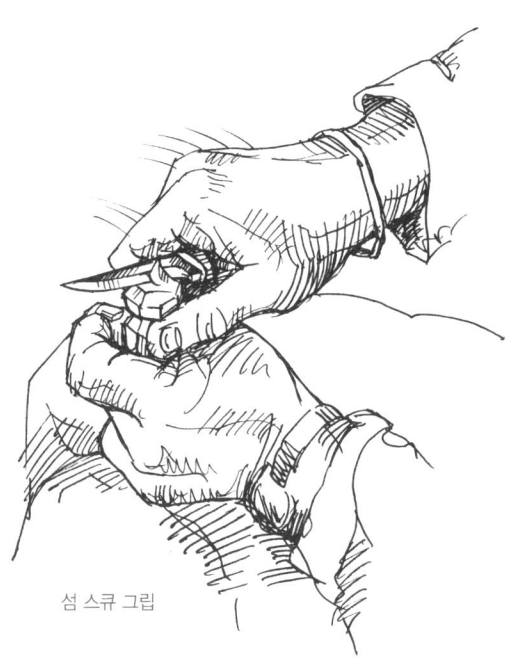

섬 스큐 그립

장부 깎기

튼튼한 손잡이를 만들기 위해서는 서랍에 닿는 숄더 부위를 넓게 만든다. 또한, 숄더는 서랍 사용 시 지저분한 손가락과 마찰에 의한 손상으로부터 손잡이 주변의 서랍 부위를 보호한다.

장부를 마무리하기 위해 손잡이 모양이 완성되면 블랭크에서 잘라 낸다. 만들려는 장부의 지름보다 1mm 크게 장부 끝 단면에 직사각형을 그린다. 그리고 쓰고 남은 나무토막에 구멍을 뚫은 후 손잡이를 거꾸로 뒤집어 구멍 속에 넣어 지지하고 칼과 나무망치를 사용해 불필요한 부위를 쪼갠다. 곧은결의 재료를 사용하면 작업하기 쉽고, 캔 오프너 그립(111p 참조)을 이용해 장부를 사각형으로 만들 수 있다. 이렇게 만들어진 사각형의 장부를 다시 팔각형으로 깎는다.

그런 다음 표면이 평평한 건조목에 테스트용 구멍을 뚫어 장부 크기를 맞춰 본다. 이때 장부가 구멍에 좀 더 쉽게 들어갈 수 있도록 장부 끝 모서리 부분을 살짝 깎는다. 만들려는 실제 장부 크기보다 약간 크게 만들어서 구멍에 끼워 보면 구멍보다 큰 장부의 표면이 눌리면서 정확한 장부 직경을 알 수 있다.

섬 스큐 그립(Thumb Skew Grip) 손잡이의 꼭대기 부분을 팔각형으로 비스듬히 깎을 때 이 그립을 사용한다. 이 그립은 손가락들과 손바닥이 만나는 지점에 칼 손잡이를 쥐고 칼을 길게 당겨 깎는다. 특히, 각진 모서리와 톱으로 잘린 단면을 깎을 때 유용하다.

먼저 칼날을 블랭크 끝 단면 모서리에 비스듬히 대고 안정된 자세를 취한다. 이때 칼을 쥔 손의 엄지는 반드시 블랭크 뒤쪽에 두어 칼날에 베이지 않도록 한다.

몸 쪽을 향해 칼 쥔 손을 잡아당기는 동시에 엄지로 블랭크를 밀어내고 칼날 밑에서부터 끝으로 감자 껍질 벗기듯 깎는다. 이때 어깨와 팔꿈치를 뒤로 움직이면 칼을 더 길게 당겨 작업할 수 있고, 이렇게 하면 좀 더 강하게 칼질할 수 있다. 모서리를 깔끔하게 깎으려면 칼질하는 동안 칼의 각도를 유지한다. 블랭크 끝 단면을 좀 더 쉽게 잘라내기 위해서는 칼을 더 기울여 사용한다.

칼을 이용해 정사각형 모양으로 장부 쪼개기

크로스드 섬 그립을 사용해서 장부의 눌린 자국과 일치하도록 눌리지 않은 부분을 깎고 다시 구멍에 맞추는 과정을 반복한다. 장부를 구멍에 돌려 넣을 때 끽끽거리는 마찰음이 발생하도록 꽉 끼운다. 마지막으로 장부가 구멍에 끝까지 들어갔을 때 숄더가 테스트용 건조목 표면과 일치하는지 손잡이를 돌려가며 확인한다.

손잡이 고정하기

준비가 끝난 손잡이를 장착하려는 곳의 구멍 속에 넣고 장부 길이를 표시한 후 빼내서 필요 없는 부분을 자른다. 이제 장부에 목공 접착제를 바르고 구멍 속에 다시 박아 넣는다. 그리고 칼끝이나 평끌의 날 부분을 장부 끝 단면 중앙에 90° 각도로 대고 눌러 나무쐐기의 끝이 살짝 끼워질 수 있게 칼집을 낸다. 칼집의 방향은 장착하는 곳의 섬유질 방향과 직각이어야 한다.

나무쐐기의 넓은 면을 따라 소량의 목공 접착제를 바르고 손잡이가 움직이지 않을 때까지 단단히 고정한다. 이때 손잡이가 밀려나지 않도록 잘 지지해야 한다. 만약 손잡이 끝에 꼭지 장식을 조각했다면, 이 부분을 보호하기 위해 나무토막에 구멍을 뚫어 그 속에 꼭지 장식을 넣고 쐐기를 박아 넣는다(96p 참조). 마지막으로 칼끝을 사용해 쐐기를 잘라 낸다.

걸쇠

나무로 된 걸쇠에는 다양한 형태가 있다. 이 걸쇠가 제대로 작동하기 위해서는 가늘고 긴 디자인이어야 한다. 그래야 돌리기 쉽고 열려 있는지 닫혀 있는지 구별하기가 쉽다.

걸쇠는 올바른 작동을 위해 정밀하게 만들어야 하고 만드는 과정은 손잡이와 같다. 그 형태는 지역과 지방마다 각기 다르니, 가능하다면 지역문화센터나 박물관을 방문해서 그곳에 있는 걸쇠를 스케치하거나 치수를 측정해 보자.

여러 세대에 걸쳐 사용된 걸쇠가 지금도 잘 작동하고 있다면, 그것의 구조와 내구성은 이미 검증된 것이다. 여기에 그려진 걸쇠 또는 문 손잡이들은 손잡이와 장부가 하나의 나무로 되어 있다.

첫 번째 예(아래 왼쪽 그림)에서 빗장과 장부는 가로대를 통과시켜 고정했다.

두 번째 예(아래 오른쪽 그림)에서는 문에 장착되는 장부 쪽은 둥글게, 그리고 빗장이 장착되는 부분은 정사각형으로 만들었다. 이렇게 하면 둥근 장부와 각진 장부 사이에 턱이 생기고 이곳에 빗장이 걸리게 된다. 그런 다음 장부에 가로로 구멍을 뚫어 작은 핀을 넣고 빗장과 꼭 맞게 고정한다.

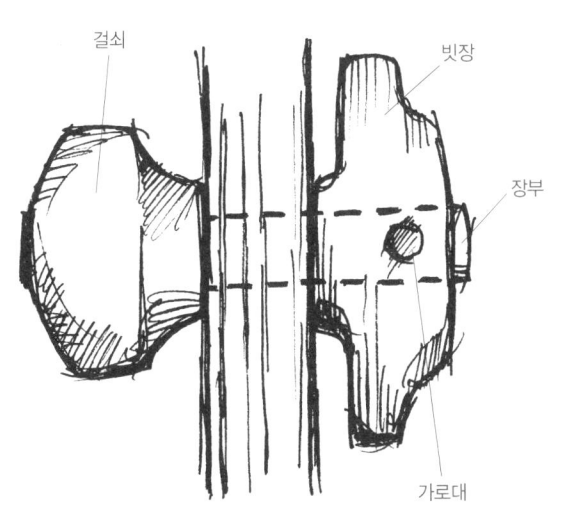

걸쇠, 빗장, 장부 그리고 고정을 위한 가로대

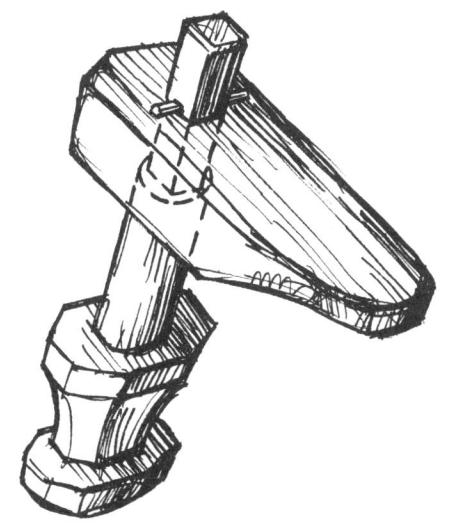

만약 빗장이 평평하거나 큰 조임이 필요하다면 빗장을 통과하는 장부 부분을 정사각형으로 만든다. 이렇게 하면 장부의 둥근 부분과 각진 부분 사이에 턱이 생기고 이곳에 빗장이 걸려 작은 핀으로 고정할 수 있다.

세 번째 예(아래쪽 그림)는 찬장이나 벽장문을 닫아 고정할 때 사용한다. 문의 한쪽 면에서만 작동하고 문 또는 문틀에 고정할 수 있다. 걸쇠를 통과하는 가로대의 한쪽 끝에는 턱진 머리가 있고, 그 반대편은 안쪽에서 쐐기를 박아 고정한다. 그러면 걸쇠는 가로대를 중심으로 회전한다. 사용하는 곳에 따라 걸쇠의 모양을 정할 수 있다. 예를 들어, 아래 그림의 L자형 걸쇠 대신 가늘고 긴 모양의 단순한 형태로 바꾸어 사용할 수 있다.

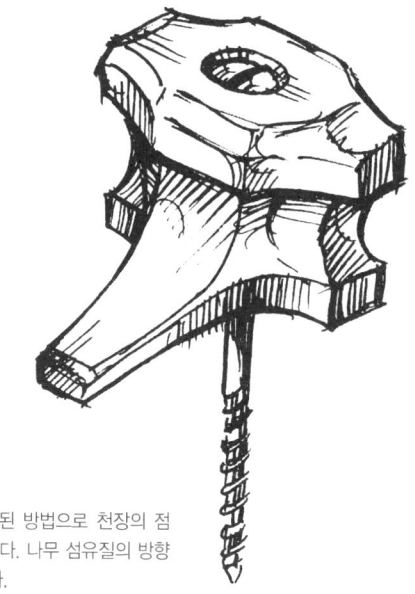

나사못을 사용한 걸쇠는 현대화된 방법으로 천장의 점검용 출입구를 고정할 때 사용한다. 나무 섬유질의 방향은 걸쇠의 길이 방향과 같게 한다.

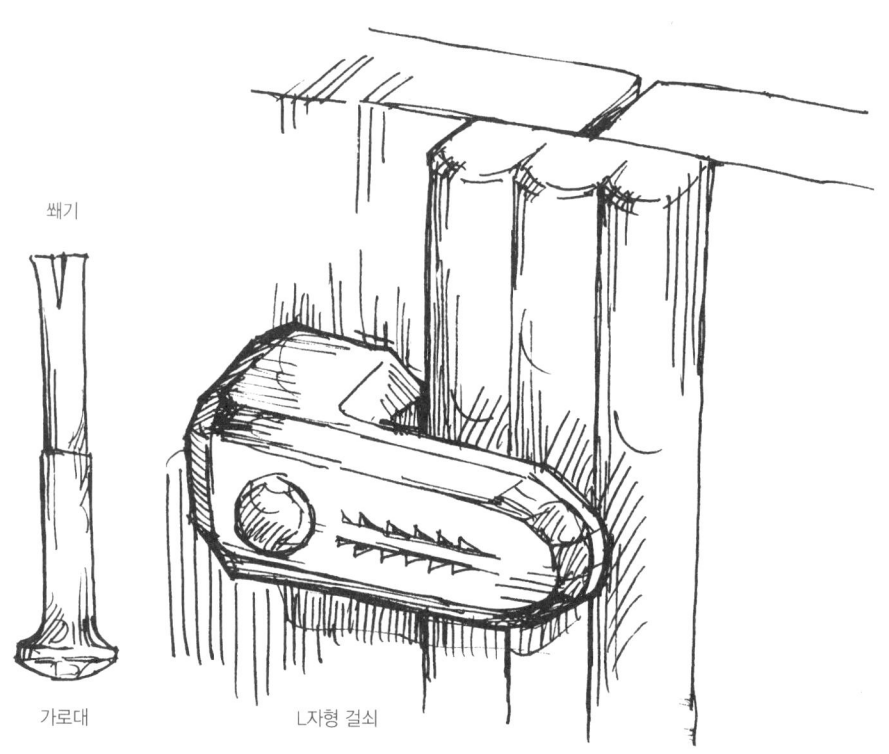

쐐기

가로대

L자형 걸쇠

페그 보드

내가 거주하고 있는 지역의 오래된 전통 가옥들은 벽과 천장 사이의 이음 부분 또는 내장재의 끝단 마감을 위해 일반적으로 나무로 된 몰딩Moulding을 사용했다. 그리고 이렇게 사용하고 남은 몰딩을 이용해 페그 보드Peg Board를 만들었다. 페그 보드는 몰딩에 여러 개의 페그가 달린 것을 말하며, 열쇠나 액세서리, 모자 등 간단한 소품을 걸어서 보관할 수 있다.

페그는 몰딩과 매우 단단히 고정해야 한다. 만약 건조된 페그의 수분 함량이 4~5%이고, 몰딩의 수분 함량이 10~12%일 때 두 개를 결합하면 몰딩의 구멍이 수축하면서 페그를 강하게 조여 단단하게 연결된다. 그리고 페그의 숄더 부분이 몰딩 면에 맞닿은 상태로 쐐기를 박아 넣는다. 만약 정확한 방법으로 만든다면 페그와 몰딩은 매우 강하게 결합된다.

자작나무로 만든 페그 보드

도구 도끼 또는 프로우, 드로 나이프, 가우지, 칼, 칩 카빙 나이프, 삼각도, 수동 드릴과 오거 비트, 스무딩 플레인

재료 페그 – 건조된 곧은결의 자작나무
　　　　몰딩 – 곧은결의 자작나무 생목
　　　　쐐기 – 단단한 낙엽수

몰딩

생목에서 페그 보드로 사용할 블랭크를 쪼갠다. 셰이빙 홀스에서 드로 나이프를 사용하거나 작업대에서 스크럽 플레인(Scrub plane: 초벌 대패)과 잭 플레인(Jack plane: 중간 대패)을 사용하여 블랭크를 평평하게 다듬는다.

　블랭크는 작업성이 좋은 생목 상태에서 가우지(이 책에서는 주로 둥근 끌이나 환도를 의미한다.)를 사용해 1차 가공한다. 1차 가공된 블랭크의 수분 함량이 12%까지 건조됐을 때 돌출된 섬유질이나 뒤틀린 부분을 제거하기 위해 대패와 가우지를 사용해 다시 한번 블랭크를 깎는다. 이때 칩 카빙 나이프나 삼각도를 이용해 V 홈을 추가로 만들 수 있다(수분 함량에 대한 자세한 내용은 50p 참조).

　블랭크에 각 페그의 위치를 정할 때 고무줄을 사용하면 일정하게 간격을 표시할 수 있다. 우선 유성펜으로 고무줄 표면에 약 1cm 간격으로 표시를 한다. 그리고 표시가 고르게 늘어날 수 있게 고무줄을 잡아당긴 후 블랭크 면에 펜으로 찍어 준다.

　마지막으로 블랭크의 끝 단면과 가장 바깥쪽 페그가 장착될 위치 사이에 못이나 나사못이 들어갈 구멍 위치를 정한다.

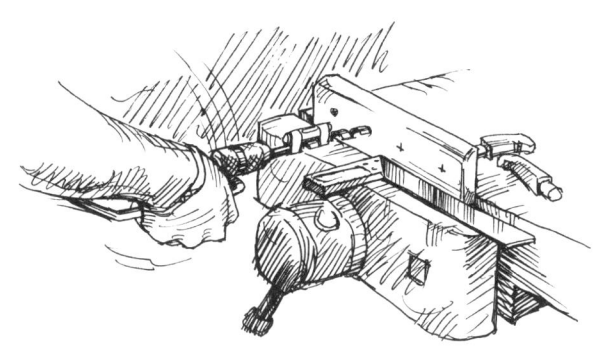

90° 각도를 정확히 유지하기 위해 오거 비트에 기포관 수준기를 사용한다.

페그 구멍 뚫기 수동 드릴과 오거 비트 또는 일반 드릴 날을 사용해 블랭크 앞면부터 구멍을 뚫는다. 직선으로 구멍을 뚫기 위해 작은 기포관 수준기(Spirit level)를 오거 비트에 붙이고 블랭크를 작업대에 수평으로 고정한다. 그런 다음 블랭크와 90° 각도로 오거 비트를 맞추기 위해 몸의 위치를 잡는다. 수동 드릴로 구멍을 뚫을 때는 한 바퀴에 한 번씩 기포관 수준기의 레벨을 확인한다.

　그리고 오거 비트의 끝이 블랭크의 뒷면을 뚫고 나오는 순간 드릴 작업을 멈춘다. 이제 블랭크를 뒤집어 다시 작업대에 고정한 후 뒷면을 뚫고 나온 구멍에 오거 비트를 대고 같은 방법으로 드릴 작업을 한다. 이렇게 하면 나무 표면이 뜯기거나 찢기는 것을 방지할 수 있다.

페그의 형태

페그는 다양한 형태로 만들 수 있다. 가방이나 재킷이 미끄러지는 것을 방지하기 위해 페그의 끝부분을 위쪽으로 살짝 휘어지게 만드는 것이 좋다. 그리고 페그를 몰딩에 더 튼튼하게 고정하기 위해서는 페그에 숄더가 있어야 한다. 필요하다면 페그의 아래쪽에만 숄더를 만들 수도 있는데, 이런 형태로 만들 때는 직사각형 블랭크가 필요하다. 앞 장에서 설명한 나무 깎기 방법과 나이프 그립에 대해 다시 한번 읽어 보면 이번 장을 이해하는 데 많은 도움이 된다. 페그를 몰딩에 단단히 고정하기 전에 먼저 몰딩 표면을 장식한다(100p 칩 카빙 참조).

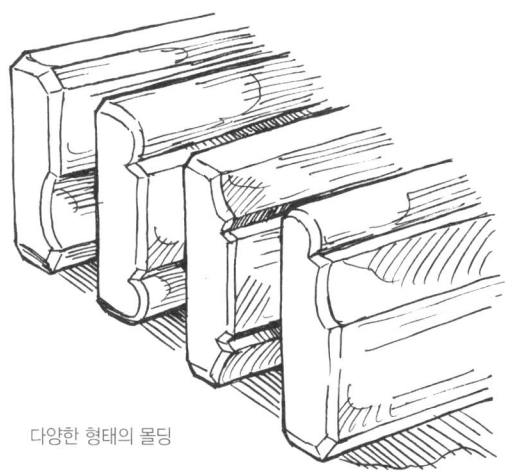

다양한 형태의 몰딩

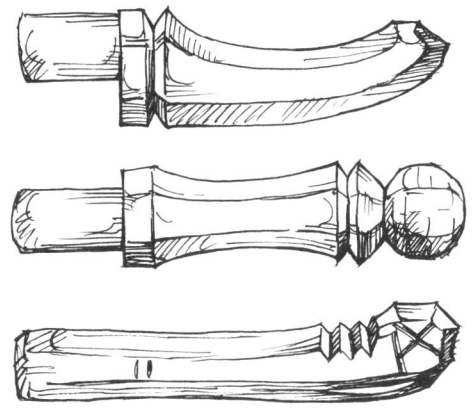

몇 가지 형태의 페그들. 만약 구부러진 형태의 페그를 만든다면, 아래쪽으로 받는 하중으로 인해 페그가 파손되지 않도록 페그 전체에 걸쳐 나무 섬유질이 끊어지지 않게 해야 한다.

를 이용해 평평하게 깎는다.

이제 전문가용 유화 물감 중 좋아하는 색상을 선택한 뒤 충분한 시간을 갖고 페그 보드에 얇게 펴 바른다.

페그 고정하기

단단하고 잘 건조된 낙엽수 토막에서 쐐기로 사용할 재료를 잘라 낸다. 쐐기 각도는 10~12°이며 가장 끝부분은 3~4° 정도의 2차 경사면을 만들어야 한다. 또한, 쐐기의 전체 면은 평평해야 하며 절대로 오목하거나 볼록해서는 안 된다.

페그의 튀어나온 장부를 잘라 내어 몰딩의 뒷면과 평평하게 만든다. 잘려 나간 장부의 끝 단면 중심에 쐐기의 끝이 자리 잡을 수 있도록 칼날을 대고 누른다. 이때 칼날의 방향은 몰딩 섬유질 방향에 반드시 직각이어야 한다.

쐐기의 끝부분에 소량의 목공 접착제를 바르고 쐐기가 더는 들어가지 않을 때까지 쇠망치로 단단히 때려 박는다. 마지막으로 칼끝을 이용해 쐐기의 양쪽 넓은 면에 칼집을 낸 후 좌우로 젖혀 부러뜨린다. 만약 쐐기를 박을 때 장부가 박히는 몰딩 부분이 너무 얇으면, 몰딩과 페그 둘 다 쪼개질 위험이 있다. 쐐기를 잘라 낸 장부의 끝 단면은 칼이나 플랫 가우지(Flat gouge)

쐐기 뒷부분의 각진 모서리들을 경사지게 깎는다. 이렇게 하면 쇠망치로 쐐기를 때려 박을 때 쐐기 모서리가 쪼개지는 것을 막을 수 있다.

반지와 귀걸이 그리고 목걸이를 위한 보석용 페그 보드와 굽어 자란 작은 나뭇가지로 만든 선반 받침대

슬뢰이드를 위한 재료와 도구

Materials and tools

재료와 블랭크

좋은 재료는 작품의 기능을 결정한다

작업자가 무엇을 만드느냐에 따라 필요한 재료를 선택한다. 먼저 작품의 기능을 고려했을 때 필요한 재료의 특성과 작업을 위한 재료의 특성을 알아야 한다. 강도, 경도, 인성, 부식 저항 그리고 나무의 외관은 작업자가 사용해야 할 나무의 종류와 부분을 결정하는 중요한 특성들이다. 이러한 것들을 충분히 파악한 후, 사용할 재료가 계획한 프로젝트에 적합한지를 확인해야 한다. 무엇을 만들겠다는 작업자의 상상력이 적합한 재료를 만났을 때, 그 상호 작용은 멋진 작품을 만들어 낸다.

좋은 재료는 작업하기 쉽다

블랭크를 선택할 때 가장 고려해야 할 점은 옹이, 뒤틀림, 외부 압박 및 손상으로 변형된 나무들이다. 이런 재료를 선택할 때는 만들려는 대상에 적합한 형태와 속성을 가졌는지 확인해야 한다. 블랭크에 엇결이 있다면 작업은 더욱 힘들어진다. 그래서 블랭크는 수공구로 작업하기 쉬워야 하고, 불필요하게 기력을 소모하게 하는 재료는 피한다.

블랭크의 모양은 만들려는 작업물의 형태와 유사하며 옹이가 없어야 한다. 구부러진 형태의 물건을 만들 때는 섬유질 방향이 형태를 따라 굽어 자란 블랭크를 선택한다. 곧은결의 블랭크란 섬유질 방향이 직선이며 뒤틀리거나 변형된 곳이 없는 것을 뜻한다.

나무의 종류

스웨덴에는 약 40종류(스프루스 42%, 소나무 39%, 자작나무 12%, 기타 7%)의 나무가 있다(김진석, 김태영 저, 《한국의 나무》에 따르면 한국에는 약 650종류의 나무가 있다.). 일반적으로 나무의 변재와 심재는 다른 성질을 가진다. 보통 변재는 심재에 비해 더 무르고 부패하기 쉽지만, 심재는 변재보다 내구성이 강하고 단단하다.

다음 도표는 다양한 나무의 특성을 슬뢰이드 관점에서 기술한 것이다.

이 도표는 나무의 초기 성장 시기에 관해서만 기술한 것이며, 성장 조건과 여러 가지 변수에 의해 달라질 수 있다. 도표의 빈 자리들은 아직 나무의 속성을 명확하게 기술하기에는 연구가 부족한 것을 나타낸다.

슬뢰이드에 적합한 나무들

나무	쪼개짐	경도 및 인성	휘어짐	내구성 및 부식성	습도 변화에 의한 수축 및 팽창	절삭 공구 작업성
소나무, 심재(Pinus sylvestris)	좋음	무름	보통	보통	보통	상
소나무, 변재(Pinus sylvestris)	좋음	매우 무름	좋음	약함	보통 (심재보다는 큼)	상
노르웨이 스프루스(Picea abies)	좋음	매우 무름 (옹이는 단단함)	좋음	약함	적음	상
실버 자작(Betula pendula) 마술(Variat carelica)	좋음	무름(다우니 자작보다는 단단함)	좋음	약함	보통	중
다우니 자작(Betula pubescens)	좋음 (실버 자작보다 좋음)	무름	매우 좋음	약함	보통	상중
유럽 사시나무(Populus tremula)	좋음	매우 무름	좋음	약하지만 (수중 부식에 강함)	보통	상
마가목(Sorbus aucuparia)	힘듦	단단하고 질김	좋음	약함	보통	중하
귀룽나무(Prunus padus)	힘듦	단단하고 질김	좋음	약함	보통	중
검은 오리나무(Alnus glutinosa)	좋음	무름	–	약함 (수중 부식에 강함)	보통	중
회색 오리나무(Alnus incana)	좋음	무름	–	약함 (수중 부식에 강함)	보통	상
갯버들(Salix caprea)	좋음	무름	매우 좋음	약함	보통	상
노르웨이 단풍(Acer platanoides)	힘듦	단단함	매우 좋음	약함	보통	중하
참나무, 심재(Quercus robur)	좋음	단단함	좋음	강함	보통	중
참나무, 변재(Quercus robur)	나쁨	무름	나쁨	약함	보통 (심재보다는 큼)	중
양느릅나무(Ulmus glabra)	힘듦	적당히 단단하고 강함	증기에 잘 휘어짐	약함과 보통 사이 (수중 부식에 강함)	적음	중
서양 물푸레나무(Fraxinus excelsior)	매우 좋음	단단하고 강함	매우 좋음	약함	보통	중
개암나무(Corylus avellana)	좋음	적당히 단단함	좋음	약함	큼	중
서양 흰버들(Saxis alba)	좋음	무르지만 질김	증기에 잘 휘어짐	약함	적음	상
포플러(Populus)	부위마다 다름	매우 무름	–	약함 (수중 부식에 강함)	적음	상
향나무(Juniperus communis)	힘듦	무르지만 질김	좋음	강함	보통	상
라일락(Syringa vulgaris)	힘듦	매우 단단함	–	–	–	하
참피나무(Tilia cordata and Tilia Americana)	좋음	매우 무름	좋음	약함	보통	상
사과나무(Malus domestica)	힘듦	매우 단단함 (건조 시 휘고 뒤틀림)	–	보통	–	중하
자두나무(Prunus abies)	힘듦	매우 단단함 (건조 시 휘고 뒤틀림)	–	보통	–	중하
야생 체리나무(Prunus avium)	힘듦	적당히 단단함	–	보통	큼	중
유럽 너도밤나무(Fagus sylvatica)	힘듦	단단함	좋음	약함 (수중 부식에 강함)	큼	중하
유럽 서어나무(Carpinus betulus)	매우 힘듦	매우 단단함 (건조 시 휨)	좋음	약함	적음과 보통 사이	중하
유럽 낙엽송(Larix decidua)	좋음	무름(소나무와 가문비나무보다는 단단함)	나쁨	보통 (마르면서 갈라지기 쉽고 마른 상태로 부패됨)	적음과 보통 사이	상

나무의 구조

나무의 구조는 나무의 실제 성장 조건에 달려 있다. 강한 바람, 척박한 토양, 폭설 등은 나무가 성장하는 데 불리한 조건들이다. 속으로 파고드는 나뭇가지들과 너무 커져 버린 상처로 인해 나무가 휘거나 굽어 자랄 수 있다. 또한, 미성숙한 나무눈에 균열이나 상처들이 숨어 있을 수도 있다.

만약 나무가 경사진 지형이나 햇볕을 고르게 받지 못하는 환경에서 자라면, 나무는 그 스트레스를 보상하기 위해 수심을 기준으로 한쪽 면이 더 강해진다. 이것을 일반적으로 '이상재(Reaction wood)'라고 한다. 그리고 나무의 종류에 따라 이 이상재는 '인장 이상재(Tension wood)'와 '압축 이상재(Compression wood)'로 나뉜다.

자작나무와 같은 속씨식물은 인장 이상재를 만든다. 이는 스트레스를 보상하는 더 큰 질량이 수심 안쪽 구부러진 곳에 있기 때문이다. 그러나 소나무와 같은 겉씨식물은 바깥쪽 굴곡에서만 이상재를 만드는데 이것을 압축 이상재라고 한다.

곧은 재료를 얻는 좋은 방법은 어린나무가 자란 조건을 상상해 보는 것이다. 가장 알맞은 조건은 나무들이 너무 빽빽하지 않은 숲으로, 오래된 숲에 의해 성장을 방해받지 않고 보호받으며 자란 나무들이 있는 곳이다. 그곳에서 나무껍질의 상태를 검사하고 나무의 뒤틀림과 자라난 나뭇가지의 형태를 확인하면 대략의 성장 상태를 알 수 있다. 이 방법을 100퍼센트 믿을 수는 없지만, 적어도 좋은 재료를 구할 수 있는 확률은 더 높아진다.

예전에는 고품질의 목재를 만들기 위해 숲에 있는 어린나무에 가지치기를 했다. 좋은 재료를 얻기 위해서는 나무를 자르기 전까지 큰 노력을 기울여 신중하게 판단해야 한다.

나는 원하는 형태의 재료를 얻기 위해 상상의 안경을 쓰고 나무를 바라본다. 숟가락은 S자 모양의 블랭크가, 국자는 L자 모양의 블랭크가 필요하다. 그러나 블랭크의 굴곡이 정확히 90°로 직각이라면, 국자 대신 브래킷(Bracket)을 만들 때 사용한다. 의자를 구성하는 여러 요소 중 각도는 매우 중요하다. 그래서 나는 숲으로 들어가 나무들의 형태를 보면서 다양한 모양의 의자들을 머릿속으로 조합해 본다. 나무의 상처 부위가 성장해서 섬유질이 안으로 말려 자란 부분은 도끼 손잡이로 사용하면 좋다.

나무갈퀴는 다양한 종류의 나무 특성을 결합해서 만든다. 예를 들어, 손잡이는 가벼운 가문비나무로 만들고, 자작나무의 질기고 뒤틀린 부위로는 머리를 만들며, 갈퀴는 마가목으로 만든다.

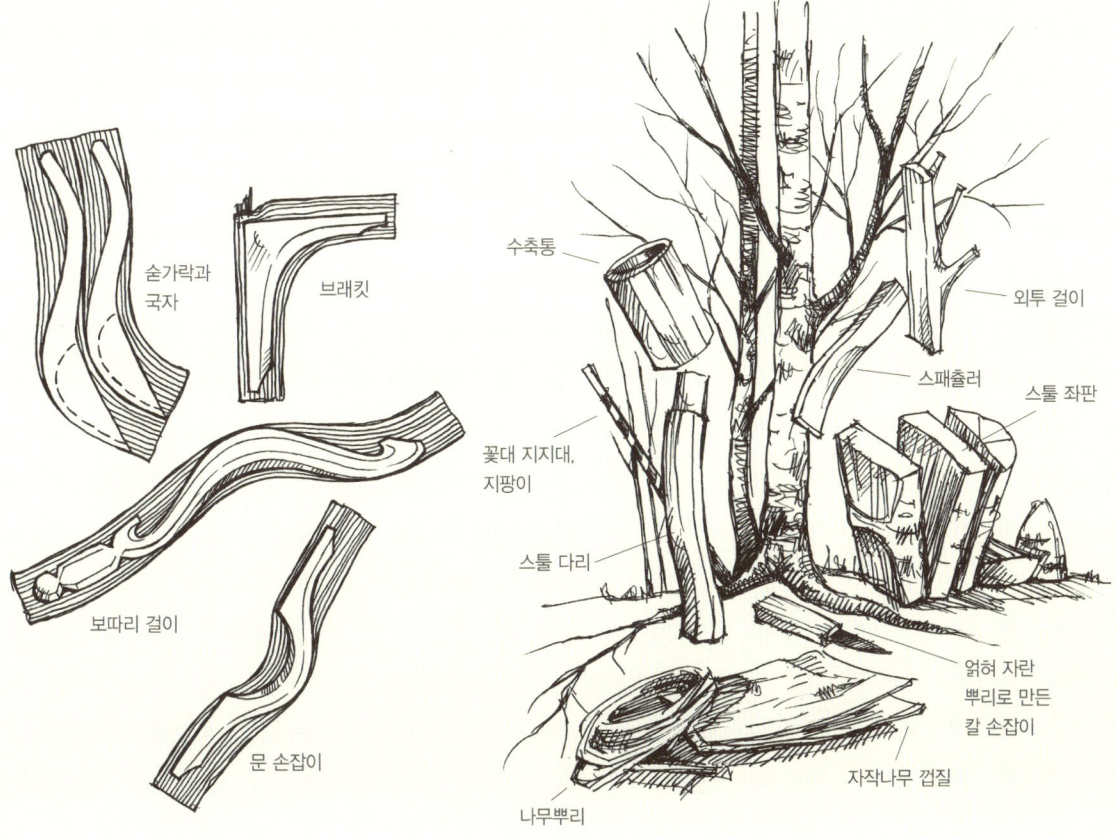

생목 재료 구하기

앞서 언급했듯이 지주의 허락 없이 나무를 잘라서는 안 된다. 대부분 지주는 상업적으로 가치가 없거나 목재 절단기에 넣기 어려운 구부러진 작은 나무를 흔쾌히 가져가는 것을 허락한다(한국임업진흥원에서는 각 지번에 대한 임상(산림의 수종 구성 상태)과 임령(산림의 연령) 정보를 제공한다.).

큰 나무가 필요하다면, 나뭇값을 미리 준비해야 한다. 그리고 도시에 거주하는 사람이 생목을 구하는 좋은 방법 중 하나는 공원 관리소나 아보리스트(Arborist: 수목 관리사)에게 조언을 구하는 것이다. 또한, 일부 지역 공예가나 공예협회 및 농촌지도소를 통해 생목을 판매하는 지주의 주소와 전화번호를 알 수 있다.

늦은 겨울과 이른 봄, 숲과 과수원 소유주들은 나무를 간벌하거나 가지치기를 한다. 이때 소규모 현지 제재소에 연락하여 필요한 재료를 알아볼 수 있다. 또한, 과일나무를 가지고 있는 지인에게 가지치기나 나무 베는 시기를 물어본다. 수목 관리업체를 통해 알아보는 것도 좋은 방법이다. 그러나 숟가락에 적합한 작은 나무는 잘려서 땅에 닿는 순간 사용할 부위가 부러지는 경우가 많으니, 평소 지역의 수목 관리사와 친분을 쌓고, 찾고 있는 재료를 미리 말해 두자. 직접 만든 숟가락을 벌목 작업자들에게 선물하면, 그냥 버려질 수도 있는 많은 숟가락 재료를 얻을 것이다.

건목 치기

블랭크는 생목 상태에서 건목을 친다. 우선 모든 껍질을 제거한 뒤 도끼, 드로 나이프, 스포크셰이브(Spokeshave: 남경 대패) 또는 칼을 사용하여 원하는 크기와 대강의 모양을 만든다.

건목 상태의 블랭크는 마무리 깎기를 위해 약간의 여유분을 남겨 두는데, 이는 블랭크가 마르면서 모양이 변하고 휘어지며 수축하기 때문이다. 나무는 건조될수록 단단해져서 깎으려면 더 많은 힘이 필요하고 칼날은 더 날카롭게 세워야 한다.

일반적으로 나무는 수심부터 갈라진다. 나무가 건조될 때, 수심 주변의 수축 총량이 나머지 전체 부분보다 더 크기 때문에 균열이 발생한다. 나무는 건조된 후에도 계속해서 부피가 변한다. 습도가 높은 여름에는 나무가 팽창하고, 겨울에는 수축한다. 만약 스툴의 다리를 만들 경우, 수심 부분의 부피 변화는 스툴의 견고성에 많은 영향을 주기 때문에 그 부분을 제거하는 것이 가장 좋다. 습기에 많이 노출될 숟가락도 마찬가지다. 건조 과정에서 끝 단면('마구리'라고도 한다.)의 균열을 방지하기 위해 목공 접착제, 왁스 또는 페인트 등을 바른다.

마감하기

블랭크가 마르면 날카로운 칼을 사용하여 모든 표면을 깨끗하고 매끄럽게 마무리한다. 블랭크의 형태와 면들은 섬세하게 다듬어지고 연필 자국은 깎여 없어진다. 그리고 스그라피토(Sgraffito) 기법을 이용해 마감하지 않는 이상, 장식용 조각은 블랭크가 건조된 다음 린시드 오일이나 유화 물감을 바르기 전에 마무리한다(100p 참조).

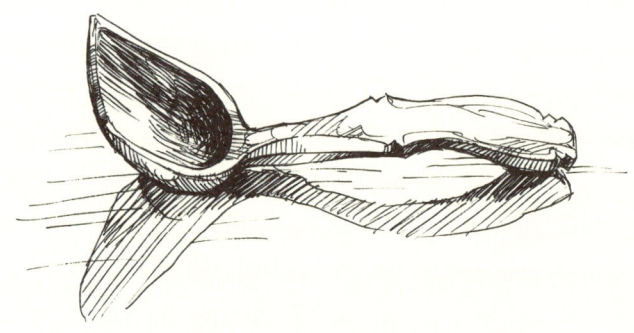

섬유질 방향에 따라 볼 형태를 만든 숟가락은 생활 마모에도 강하고 성능이 오래도록 유지된다.

건조하기

건조 중 쪼개짐

생목을 사용하는 목공 작업자들은 작업하는 동안 항상 나무 변형에 주의를 기울이고, 나무의 특성을 이해해야 한다. 수축, 팽창 그리고 갈라짐의 위험 요소들은 '그린 우드워킹(Green woodworking: 생목을 사용하는 목공)' 과정의 일부분이다.

생목은 작업하기 쉬울 뿐만 아니라 건조 시간도 조절할 수 있다. 필요 없는 부위를 많이 제거할수록, 그리고 두께가 더 고를수록 마르는 동안 나무에 가해지는 긴장이 줄어든다. 예를 들어, 습한 환경에서 두께가 얇고 고르게 깎인 상태의 숟가락이라면 갈라질 위험 없이 밤새 자연 건조된다.

나무의 수축 팽창 성질을 결합 방식에 전략적으로 이용할 수도 있다. 예를 들어, 사다리나 스툴을 만들 때 장붓구멍으로 사용될 재료의 수분 함량을 15~20%, 그리고 장부로 사용될 재료의 수분 함량을 4%까지 건조시킨다. 이 상태로 가공이 마무리된 장붓구멍과 장부를 결합하면 장붓구멍은 마르면서 수축하고, 장부는 수분 함량이 8%까지 올라가며 팽창한다. 이렇게 결합된 부위는 시간이 지나면서 매우 강하고 단단하게 조여진다.

수축과 팽창

나무는 대기 중의 습기를 흡수하고 방출한다. 여름철 잎이 무성할 때 목재의 부피가 팽창하고, 반대로 겨울철에는 부피가 줄어든다. 생목 한 토막의 무게를 측정하면 나무의 수분 함량을 알아볼 수 있다. 우선 생목 상태에서 무게를 측정한 뒤, 열을 가해 건조한다. 이때 나무의 무게가 더 이상 변하지 않는 시점까지 건조한다. 그다음 생목일 때의 무게와 건조된 다음의 무게 차이를 계산하고, 이 값을 건조한 나무 무게로 나눈다. 여기에 100을 곱하면, 이것이 나무의 수분 함량이 된다.

요즘은 편리하고 휴대가 간편한 습도 측정기를 사용해서 나무 수분 함량을 측정할 수 있는데, 정확한 측정값을 얻기 위해 재료의 중간에서 길이 방향으로 측정한다. 생목은 무게 대비 50~170%의 물을 함유하고 있다.

세포벽 안의 물을 '결합수'라고 하고, 세포 속 물을 '자유수'라고 한다. 자유수가 세포에서 증발할 때 나무의 부피가 변하는데 이것을 '섬유 포화점'이라고 하며, 일반적으로 이때의 수분 함량은 약 25% 정도가 된다.

$$\frac{생목\ 무게 - 건조목\ 무게}{건조목\ 무게} \times 100 = 수분\ 함량$$

수분은 나무 끝 단면을 통해 가장 빨리 증발한다. 나무의 표층이 마르고 수축될 때 내부에는 여전히 습기가 남아 있다. 그러한 이유로 표면층은 더 이상 수축할 수 없고 대신에 균열이 생길 수 있다. 나무가 건조할수록, 강도는 점점 더 단단해지고 작업은 더 힘들어진다.

부피 수축

총 부피 수축은 나무 종류에 따라 9~17% 사이를 오간다.

적음 : 9~10% (향나무, 버드나무)
보통 : 11~13% (가문비나무, 소나무, 낙엽송, 참나무, 느릅나무, 물푸레나무, 단풍나무, 귀룽나무, 갯버들, 사시나무)
큼 : 14~17% (라임나무, 오리나무, 개암나무, 배나무, 사과나무, 체리나무)
매우 큼 : 17% 이상 (자작나무, 너도밤나무, 마가목)

나무는 나이테에 따라 다른 비율로 수축하며 가장 큰 수축은 접선 면에서 발생한다.

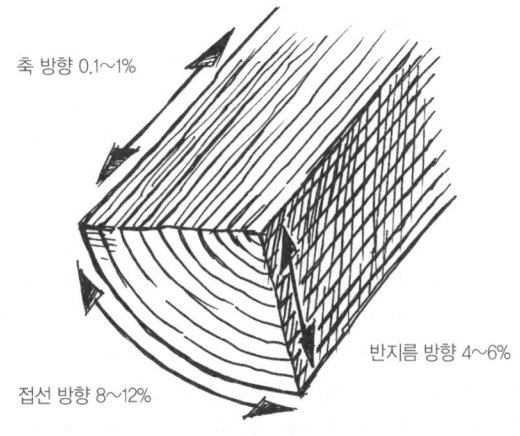

숫자 1, 5, 10을 기억하자

1% 축 방향 수축(길이 방향으로)
5% 반지름 방향으로 수축(중심에서 표면으로)
10% 접선 방향으로 수축(나이테를 따라서)

나무의 수축과 팽창은 사계절 내내 발생한다는 것을 기억하자. 그리고 이것은 만들려는 대상의 결구 방법과 용도를 결정하는 데도 영향을 준다.

겨울철 실내 습도는 환경에 따라 35%보다 낮아질 수 있으며, 이때 나무의 수분 함량은 4~6% 정도 된다. 늦은 여름 실내 습도는 100%까지 올라갈 수 있고, 이로 인해 나무가 팽창하며 이때 수분 함량은 8~10% 정도 된다. 물론 이러한 수치는 사는 곳과 그곳의 환경에 따라 크게 달라진다. 그래서 생목 작업 시 나무의 정확한 습도 함량을 확인하기 위해 습도 측정기를 사용하는 것이 좋다.

나이테는 마르면서 접선 방향으로 수축하기 때문에 반지름 방향으로 재단된 나무 판재가 접선 방향으로 재단된 판재에 비해 마르면서 변형될 가능성이 적다. 특히, 소나무를 외부용 바닥재나 벽재로 사용할 때는 나무의 심재 면을 바깥쪽으로 향하게 하는 것이 중요하다. 소나무 심재는 변재 면보다 더 단단하고 부식에도 강하다.

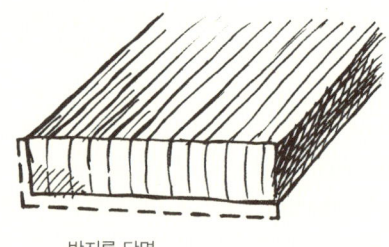

반지름 단면

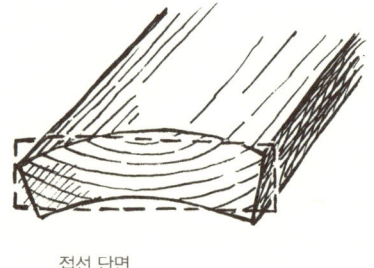

접선 단면

수분 함량 및 건조 과정

이론상 건조는 점진적으로 증가하는 온도에 의해 진행되는 느린 과정이다. 두께 25mm당 1년 정도의 건조 기간이 걸린다. 건조 속도를 결정하는 요소들은 다음과 같다.

1. 열
2. 공기 흐름
3. 상대 습도

생목은 50~170% 물을 함유하고 있다. 나무 세포는 물로 가득 차 있다. 일반적으로 벌목 직후에 부패와 곰팡이가 피는 것을 막기 위해 즉시 나무껍질을 벗겨야 한다. 그렇지만 때에 따라서는 통나무의 수분을 보존하기 위해 나무껍질을 벗기지 않는다. 그러나 자작나무를 습기가 많은 상태로 상온에서 보존하면, 빠르게 부패할 수 있으니 주의한다.

나무는 겨울 동안 곰팡이와 갈라짐의 위험을 줄이기 위해 최소한의 물을 머금고 있으며, 이 기간에는 나무 속에 수액이 흐르지 않아 나무의 밀도와 질이 향상된다. 그래서 슬뢰이드 제작자에게 겨울은 좋은 재료를 얻을 수 있는 시기이다.

생목을 쪼갠 후 건조시킬 때는 마르는 동안 나무 끝 단면의 갈라짐을 방지하기 위해 항상 목공 접착제나 유성 페인트를 사용해 단면을 밀봉하고 그 위에 종이를 붙인다.

작은 크기의 작업물이면 보통 생목 상태에서 건목을 친 후, 양쪽 끝 단면을 밀봉하고 깔끔한 표면 마무리를 위해 건조 후 한 번 더 깎는다.

섬유 포화점은 약 25%이다. 일단 나무 세포 내부에 물이 없으면 세포벽이 말라 나무가 마르기 시작한다. 이것을 '임계점'이라고 하는데, 표면층은 더 이상 수축할 수 없고 나무의 내부는 여전히 젖어 있어서 균열이 발생한다. 이로 인해 나무 표면의 긴장이 해소된다.

야외에서 건조된 목재는 수분 함량이 약 18%이다. 북반구에서 나무를 말리는 최적의 시기는 2월부터 한여름까지로, 이 시기에 날씨가 건조하고 바람이 많이 분다. 나무를 고르게 말리기 위해서는 재료들 사이에 받침목을 사용하여 쌓는 것이 중요하다.

실내 난방이 되지 않는 곳에서는 목재의 수분이 약 12%까지 마른다. 한여름이 지나면 나무를 실내로 옮긴다. 실내에서도 받침목을 이용해 목재를 쌓는 것이 중요하다. 이때 재료를 쌓아 둔 공간에 바람이 통할 수 있도록 두 군데의 개구부를 두면 좋다. 건조 시간은 1년에서 4년까지 재료의 두께에 따라 다르다.

실내 난방이 되는 공간에서는 목재의 수분이 약 6~8%까지 마른다. 일반적인 실내 온도에서 나무의 세포벽들은 6개월 정도면 완전히 마르는데, 이는 재료의 두께에 따라 다르다. 예를 들어, 만약 의자를 만들 때 꽉 끼는 결합이 중요하다면, 장부 재료를 오븐에 넣어 더 말려서 사용할 수 있다. 오븐 온도를 약 60°C로 설정해서 24시간 동안 재료를 건조하면 수분 함량을

12%에서 4%까지 낮출 수 있다.

사례 양 끝단을 밀봉하고 껍질을 벗긴 지름 4cm의 자작나무 토막이 상대 습도가 높은 곳에서 3주 후에 수분 함량 18%까지 갈라짐 없이 건조됐다. 건조에는 많은 변수가 있고, 경험이 최고의 스승임을 기억하자.

받침목 쌓기

건조 장소에 있는 나무 판재 사이에 받침목을 90° 각도로 받친다. 이때 공기가 각각의 판재 사이를 고르게 순환할 수 있도록 충분한 공간을 확보한다. 외부에서 건조하는 목재는 지상에서 최소 50cm는 띄워야 한다.

함석지붕재를 이용해 적재된 나무를 조심해서 덮는다. 그리고 함석지붕재와 그 바로 밑에 놓인 나무 사이에도 바람이 통할 수 있도록 받침목이나 스페이서(Spacer)를 사용하여 간격을 만들어 준다. 그렇게 하지 않으면, 그사이에 곰팡이가 쉽게 핀다. 소나무를 쌓아둘 때는 곰팡이가 피는 것을 줄이기 위해 받침목으로 가문비나무를 사용한다. 그리고 받침목은 1.5m 간격으로 놓는 것이 좋다.

작은 크기의 작업물 건조 방법

천으로 감싸기 : 간단하고 가장 믿을 수 있는 방법이다. 건목 상태에서 나오는 습기가 천을 통해 서서히 증발하며 갈라짐 없이 마른다.

삶은 감자 바르기 : 삶은 감자는 셀룰로스(Cellulose)를 함유하고 있으며, 수분을 천천히 방출할 만큼 충분히 다공성이 있다. 삶은 감자를 나무 끝 단면에 문질러 바른 후 말린다. 이 방법은 균등하게 얇게 깎인 건목 상태의 나무 숟가락에 활용하면 좋다.

마른 대팻밥으로 말리기 : 커다란 나무상자 속의 대팻밥들은 목선반으로 작업한 나무 그릇을 말리는 데 좋다. 습기는 대팻밥을 통해 천천히 증발하고, 그릇 표면은 갈라짐 없이 건조된다. 또한, 톱밥을 사용하는 것도 좋은 방법이다.

비닐봉지 이용하기 : 증발하는 습기를 저장한다. 이때 봉지 속 물기를 제거하고 곰팡이를 방지하기 위해 24시간에 한 번씩 봉지를 열어 물기를 털어 준다.

동결 건조하기 : 생목을 냉동시키는 것은 습기를 잡아 두는 좋은 방법이다. 생목을 비닐봉지 속에 넣어 잘 밀봉한 후 냉동고에 보관한다. 그리고 될 수 있으면 6개월 이내에 사용한다. 6개월이 지나면 동결 건조가 되기 때문이다.

작업장의 습도 상태와 작업 유형에 따라 자신이 선호하는 건조 방법을 찾고 실행해 보자.

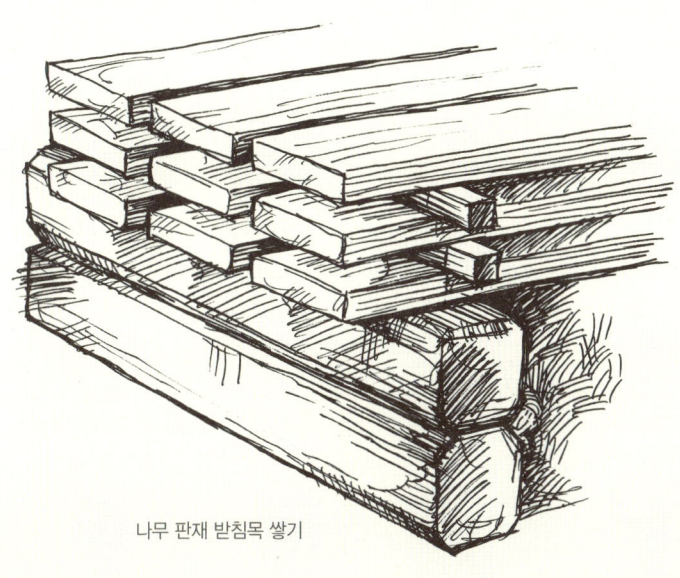

나무 판재 받침목 쌓기

작업 도구들

이번 장에서는 슬뢰이드에 유용한 도구들을 소개한다. 대부분의 도구 사진들이 이 책의 처음과 끝 표지 안쪽에 나와 있다.

슬뢰이드의 기본 작업 도구로는 톱, 칼, 도끼, 초핑 블록, 드로 나이프 그리고 셰이빙 홀스가 있다. 슬뢰이드를 할 때는 일반적으로 특수 도구가 필요하지 않다. 기본 작업 도구들은 휴대하기 쉽고 다양한 용도로 사용할 수 있지만, 올바른 사용법과 숙련된 기술이 필요하다. 먼저 몇 가지 기본 도구로 기술을 연습해 보자. 사람들은 보통 부족한 기술을 보완하기 위해서 도구를 산다. 그리고 특수 도구들은 주로 상업적 생산을 위해 속도와 정밀도를 높이는 데 사용된다. 슬뢰이드 방식으로 많은 작업을 할수록, 자신이 선호하는 작업의 종류가 분명해질 것이다. 그런 다음에 필요한 도구를 더 구입하면 된다.

작업대는 판재에 대패질을 길게 하거나 균일한 두께로 가공할 때 필요하다. 찬장, 선반, 침대 및 탁자와 같이 주로 면을 고르고 판재의 이음 작업을 하는 곳으로 가구 만드는 일에는 필수적이다. 만약 셰이빙 홀스와 초핑 블록이 있다면 작은 크기의 슬뢰이드 작업을 위해 굳이 작업대를 사용할 필요는 없다.

목공 작업을 위해서는 질이 좋은 기본적인 도구 세트가 필요하다. 톱과 도끼 그리고 칼 한 자루만 있으면, 버터나이프와 같은 작은 물건을 만들기에는 충분하다.

오래전에 만들어진 도구들은 종종 탄소 함량(0.8~1.2%)이 높은 고품질의 강철을 사용해서 강도와 내구성이 좋다. 하지만 강철이 너무 단단하면 오히려 부러지기 쉽고, 반대로 너무 연하면 쉽게 무러진다.

도구는 건조한 곳에 보관하고, 날이 있다면 칼집과 같은 보호용 덮개를 사용한다. 꼭 맞는 가죽 덮개, 오래된 고무 튜브 또는 직접 만든 나무 덮개로 칼날을 보호하면, 날을 연마해야 하는 시간을 많이 줄여 준다. 또한, 천이나 가죽으로 된 롤 케이스를 사용하면 여러 개의 조각도를 효율적으로 보관할 수 있다.

이 책의 프로젝트들은 여기에 소개한 여러 도구를 이용해 수행할 수 있다. 또한, 특정한 단계에서 큰 도움이 되는 특수한 도구들이 있는데, 이 역시 관련 내용이 나오는 곳에 적절히 소개했다.

초핑 블록(Chopping block)

통나무 작업대를 말하며, 적어도 지름 35cm 이상, 높이 50~70cm 크기의 활엽수 통목을 사용한다(스웨덴의 느릅나무 및 자작나무는 전형적인 활엽수이며, 건조된 소나무나 가문비나무도 좋다.).

서로 맞물린 옹이가 있는 통목을 사용하면 매우 강하고 단단해서 블록이 쪼개지는 일은 없을 것이다. 초핑 블록의 건조 과정에서 생긴 커다란 틈새는 도끼를 사용할 때 블랭크의 일부를 끼워 넣고 작업할 수 있는 유용한 공간이 된다. 쪼개진 틈 사이로 보호하고자 하는 블랭크 일부분을 집어 넣고 작업하면, 도끼는 초핑 블록 위로 올라온 부분만 안전하게 깎아 낼 수 있다. 또한, 등받이가 있는 초핑 블록을 만들어 사용하면, 홈파기용 자귀와 도끼를 사용해 커다란 나무 그릇을 만들거나 굽은 블랭크를 쪼갤 때 유용하다.

등받이가 있는 초핑 블록을 만들기 위해서는 약 80cm 길이의 통목이 필요하다. 우선 통목에 바닥부터 50cm 정도 되는 높이를 표시하고, 엔진 톱을 사용해 가로 방향으로 절단을 시작한다. 이때 등받이 부분을 위해 통목 지름의 1/5을 남기고 자른다. 그리고 이렇게 남겨진 부분의 위쪽 끝 단면 바깥부터 이미 절단된 4/5 지점까지 대각선으로 잘라 주면 비스듬한 등받이가 완성된다. 이렇게 만들어진 가로 절단면 위에 등받이와 수평으로 V 홈을 만든다. 이렇게 하면 블랭크의 한쪽 면을 홈에 지지할 수 있어서 자귀나 도끼를 사용할 때 안정적으로 작업할 수 있다. 초핑 블록을 더 안정적으로 세우기 위해 밑면에 65° 각도로 세 개의 짧은 다리를 만들어 끼울 수 있다.

흙 묻은 신발이나 작업복을 입고 초핑 블록 위에 발을 올리거나 앉는 행동은 절대로 피하자! 신발이나 작업복에서 떨어진 모래와 작은 돌들이 도끼날을 망가뜨릴 수 있기 때문이다. 만약 초핑 블록이 실외에 있다면 덮개를 씌워 비와 먼지로부터 표면을 보호한다.

셰이빙 홀스(Shaving horse)

가구 제작자가 작업대를 사용하듯이 슬뢰이드 제작자는 셰이빙 홀스를 사용한다. 셰이빙 홀스의 사용법은 마치 배의 노를 젓는 방식과 유사하며, 슬뢰이드 작업에 있어 멋지고 훌륭한 도구이다. 드로 나이프를 사용할 때는 반드시 블랭크를 고정해야 한다. 작업자의 다리로 셰이빙 홀스의 발판을 밀어 셰이빙 홀스 머리로 블랭크를 잡는다.

일반적인 작업대에 비해 셰이빙 홀스가 지닌 장점 중 하나는 발판을 이용해서 블랭크의 위치를 빠르게 조정할 수 있다는 것이다. 좀 더 둥근 면을 원한다면 스포크셰이브를 사용해 마무리한다. 또한, 블랭크에 구멍을 뚫거나 톱질을 할 때 셰이빙 홀스를 클램프로 사용할 수 있고, 셰이빙 홀스의 좌판에 구멍을 뚫어 홀드패스트(Holdfast)를 위한 작업대로 사용할 수도 있다.

일부 셰이빙 홀스에는 다리의 장부 부분이 원뿔형으로 되어 있어 탈부착과 운반이 쉽다. 가끔은 자른 나무를 작업장에 가져가는 것보다 셰이빙 홀스를 숲으로 가져가는 것이 더 효율적이다.

셰이빙 홀스의 종류는 그것을 사용하는 사람만큼이나 많으며, 작업자의 요구에 맞게 만들어질 때가 많다. 셰이빙 홀스는 크게 콘티넨탈(Continental) 타입과 잉글리시(English) 타입의 두 가지 유형으로 발전해 왔다.

콘티넨탈 타입 또는 덤헤드(Dumbhead) 셰이빙 홀스는 좌판을 관통하는 한 개의 지렛대와 지렛대 끝에 큰 머리가 달려 있으며, 지렛대를 따라 양쪽으로 블랭크를 고정할 수 있는 공간이 있다. 이 방식은 지렛대의 힘을 크게 이용해서 직선 형태의 다양한 블랭크를 쉽게 고정할 수 있다.

잉글리시 타입 또는 프레임(Frame) 셰이빙 홀스는 좌판 바깥쪽에 두 개의 지렛대가 고정돼 있으며, 그 두 개의 지렛대 사이에 가로대가 달려 있다. 이 방식은 블랭크를 얇고 길게 그리고 넓게 깎는 데 유용하다. 셰이빙 홀스는 작업자의 필요에 따라 수정할 수 있다.

래더백 체어(Ladderback chair) 제작자들은 의자 등받이로 사용하는 가로대를 만들 때 셰이빙 홀스에서 블랭크가 미끄러져 빠져나오는 것을 방지하기 위해 머리 안쪽 면에 V 홈을 만들어 사용한다. 또한, 좌판에 지지대가 있는 헝가리 타입의 셰이빙 홀스는 머리와 지지대 사이에 블랭크를 고정할 수 있어 블랭크 전체 길이를 깎을 수 있다.

60~62p의 글과 도면을 이용하여 셰이빙 홀스를 직접 만들 수도 있고, 원한다면 구입할 수도 있다(118p 참조).

홀드패스트(Holdfast)

작업대 또는 셰이빙 홀스의 좌판에 블랭크를 고정하기 위한 L자형 철제 도구이다. 홀드패스트 사용을 위한 구멍은 필요한 곳에 뚫을 수 있다. 이때 구멍 직경은 홀드패스트의 직경보다 약간 크게 뚫는다.

홀드패스트에서 블랭크를 물고 있는 머리 부분을 위에서 수직 방향으로 쇠망치로 치면 블랭크가 고정된다. 반대로 홀드패스트 몸통 뒤쪽을 구멍에서 90° 각도로 때리면 고정이 풀린다. 작업 시 보통 두 개의 홀드패스트가 필요하다.

타격 도구들

우든 몰(Wooden maul)

쪼개기용 나무망치로 주로 단단하고 튼튼한 나무로 만든다. 스웨덴에서는 마가목, 단풍나무, 오크나무, 자작나무 또는 스웨덴 팥배나무(스웨디시 화이트빔)를 사용한다. 보통 길이와 무게가 다른 2~3개의 나무망치가 필요하며, 옹이나 옹두리 부분을 망치의 머리나 손잡이 부분으로 사용하면 더 단단하다.

만약 생목으로 만든다면 천천히 건조시켜야 한다. 프로우와 함께 사용하기 위해서는 쪼개는 대상에 따라 보통 35~50cm 길이의 나무망치가 필요하다. 좀 더 작은 대상물이라면 조각용 나무망치(Wooden mallet)로 대신할 수 있다.

해머(Hammer)

쇠망치를 말한다. 정확한 타격과 강도 조절을 위해 크기와 무게가 다른 해머가 필요하다. 장도리(Craw hammer)는 못을 뽑는 데 유용하다.

슬레지 해머(Sledge hammer)

대형 쇠망치로 크기와 무게가 다른 두 개를 준비하는 것이 좋다. 긴 손잡이와 함께 머리 무게가 4kg인 대형 쇠망치는 쐐기로 통나무를 쪼갤 때 사용한다. 그리고 약 1kg의 쇠망치는 좌판에 의자 다리를 끼워 넣거나 넓은 쐐기를 박아 넣을 때 좋다.

스플리팅 몰(Splitting maul)

쪼개기용 도끼로 한쪽은 대형 쇠망치 그리고 다른 한쪽은 쐐기 모양의 도끼로 되어 있으며, 주로 통나무를 쪼개는 데 사용한다. 날 경사면이 볼록해서 나무를 쉽게 쪼갤 수 있다. 손잡이 달린 쐐기와 대형 쇠망치의 두 가지 역할을 한다.

프로우(Froe/Frow)

프로우는 곧은결의 재료를 신속하고 정확하게 쪼갤 때 적합한 도구이다. 일반적인 칼이나 도끼와는 달리 깨짐이나 균열을 방지하기 위해 열처리되지 않은 철을 사용한다. 그러므로 프로우를 내려칠 때는 반드시 나무망치를 사용해야 한다. 그리고 프로우의 날과 손잡이는 큰 와셔(Washer)와 굵은 나사못으로 고정해 견고하게 만들어야 한다.

프로우의 날 경사면은 나무를 쪼개고 들어갈 수 있게 볼록해야 하고, 날 끝은 나무를 깎을 정도로 날카롭진 않지만, 나무를 쪼개고 들어갈 수 있을 정도면 충분하다.

프로우를 나무 끝 단면에 놓고 나무망치로 내리쳐 날 부분이 나무 속으로 최대한 깊이 들어가게 한다. 그런 다음 나무를 눕혀 한 손을 날의 넓은 면에 대고 팔을 곧게 편 다음, 다른 한 손으로 손잡이 끝을 잡고 몸 쪽으로 당긴다. 이렇게 하면 프로우의 날 부분과 손잡이가 지렛대 역할을 해서 나무가 쪼개진다. 또한, 쪼개지는 방향을 원하는 곳으로 살짝 변경할 수 있는데, 쪼개지고 있는 나무의 두꺼운 쪽으로 프로우 손잡이를 잡아당기면 그 방향으로 쪼개짐이 진행된다. 이런 식으로 균일한 두께로 블랭크가 쪼개지도록 손잡이를 밀고 당기면서 쪼개지는 방향을 조절할 수 있다.

아주 큰 블랭크는 블랭크를 프로우로 쪼갤 수 있을 정도로 작아질 때까지 쐐기를 사용해 쪼갠다. 프로우를 사용해 블랭크 끝 단면에 분할을 위한 자국을 만든다. 이렇게 하면 원하는 위치에 쐐기를 사용할 수 있고, 블랭크를 정확한 비율로 나누는 데 도움이 된다.

〈프로우 날 권장 치수 : 길이 250mm, 높이 38mm, 두께 10mm, 손잡이 고정용 용접 파이프 치수 42mm〉

스플리팅 웨지(Splitting wedge)

쪼개기용 쐐기는 좋은 철로 만들어진 저렴한 것들이 많이 있다. 하지만 나는 알루미늄 쐐기를 선호한다. 사용하는 동안 금속 파편이 튈 위험을 줄일 수 있고, 급격하게 벌어진 큰 각도로 블랭크를 매우 효과적으로 쪼갤 수 있기 때문이다. 또한, 잘 건조된 단풍나무, 참나무 그리고 스웨덴 팥배나무를 쪼개서 자신만의 쪼개기용 쐐기를 만들 수 있다. 이때 주의할 점은 나무 섬유질이 쐐기의 날 끝부터 타격 면까지 끊어지지 않으며, 날의 각도는 10°가 돼야 한다.

절삭 공구

우드카빙 나이프(Woodcarving knife)

좋은 우드카빙 나이프는 접합 칼날로 만들어 연마하기 쉽고, 나무를 깎는 동안 약간의 신축성이 있어야 한다.

접합 칼날은 연철로 둘러싸인 중심에 강철을 넣어 만든다. 칼날의 각도는 강철의 경도 및 인성에 따라 보통 22~27°이다. 칼날은 길이 48~92mm, 폭 18mm, 그리고 두께는 2.7mm 이하여야 한다. 칼날의 양쪽 면 모두 칼끝까지 연마되고, 칼날 경사면은 약간 오목해야 한다. 또한, 칼날 모서리에는 2차 경사면이 없어야 한다.

칼 손잡이 길이는 최소 100mm 이상이고 단면의 형태는 타원형이어야 한다. 이 타원 모양은 다양한 나이프 그립을 이용해 여러 종류의 칼질을 할 수 있게 한다. 모라크니브의 래미네이티드 우드카빙 나이프는 가성비가 좋은 제품이며, 길이가 60~82mm 정도의 날을 가진 105, 106, 120 그리고 122 등이 우드카빙에 적합하다.

후크 나이프(Hook Knife)

숟가락 볼과 작은 나무 그릇의 속을 파내는 데 필수적인 도구이다. 칼날 경사면은 볼록해야 하고 날의 폭은 10mm를 넘지 않아야 한다. 오른손잡이용과 왼손잡이용을 따로 살 수 있으며, 숟가락 볼 부분을 파낼 때는 둘 다 필요하다. 후크 나이프는 칼날 경사면의 바깥쪽 한 면만 간다.

칼날 모서리가 몸 쪽을 향하게 후크 나이프의 손잡이를 잡은 후 무릎 위에 올려 지지한다. 그리고 효율적으로 숟가락의 볼 속을 파내기 위해 힘을 집중해 칼날을 위아래로 움직인다. 이때 후크 나이프를 엄지 쪽으로 호를 그리듯 잡아당기면서 나무 섬유질과 직각 방향으로 깎는다. 이렇게 오목하게 깎인 면은 후크 나이프의 휘어짐과 일치한다. 때로는 칼을 쥐지 않은 손의 엄지로 칼등을 밀어 깎는 것도 유용한 방법이다.

도끼(Axe)

건목과 마감 작업 모두에 탁월한 도구이다. 날카로움을 유지하기 위해 날의 각도는 약 30~35°가 돼야 하며 다양한 작업에 맞춰 도끼날을 가공할 수 있다.

평평하게 또는 일반적인 칼 용도로 갈기 : 양쪽 날 경사면을 모두 오목하게 또는 평평하게 똑같이 넓은 면으로 간다.

오목하게 또는 슬뢰이드 용도로 갈기 : 나무에 접하는 쪽은 넓고 오목하게 간다. 도끼날 경사면의 폭이 15~20mm이면, 블랭크 표면을 곧고 매끄럽게 깎기 쉽다. 도끼날 경사면이 넓은 쪽은 블랭크를 베고 들어갈 때 표면에 밀착되어 도끼질을 안정적으로 만든다. 그리고 반대편의 좁은 쪽은 베어진 도낏밥을 떼어 낸다.

볼록하게 또는 쪼개기 용도로 갈기 : 양쪽 날 경사면 모두 똑같이 볼록한 넓은 면으로 간다.

도끼 손잡이는 자작나무나 마가목과 같은 낙엽활엽수 종의 상처 난 부위로 만들어야 한다. 이런 부분의 섬유질이 다른 부위보다 훨씬 촘촘하고 단단하기 때문이다.

단단하고 질긴 히코리나무는 도끼 손잡이 재료로 가장 흔하게 쓰인다. 손잡이는 손에 잘 맞도록 깎는다. 너무 두꺼운 손잡이는 손에 쉽게 쥐가 나고 피로하게 만든다. 내가 가장 좋아하는 도끼는 스웨덴 그랑스포스(Gränsfors) 사의 스웨디시 카빙 액스(Swedish carving axe)다. 또한, 스몰 포레스트 액스(Small forest axe: 현재 이 모델은 이 책에 실린 모델보다 도끼 머리의 크기와 손잡이 길이가 더 커지고 길어졌다.)도 우드카빙 작업에 유용하다.

드로 나이프(Draw knife)

셰이빙 홀스에서 주로 블랭크의 직선 또는 볼록한 면을 매끄럽게 깎기 위해 사용한다. 사용 목적에 따라 다양한 모양의 칼날과 손잡이가 있다. 칼날은 오목, 직선 그리고 볼록의 세 가지 형태로 휘어져 있다. 이 중에 볼록한 형태는 많이 사용하지 않는다.

드로 나이프의 한쪽 면은 넓고 오목한(또는 평평한) 칼날 경사면이 있어서 매끄럽고 평평한 표면을 깎을 수 있다. 반대쪽의 좁은 칼날 경사면은 나무를 오목하게 깎을 때 더 유용하다.

드로 나이프는 일반적으로 좁은 쪽 칼날 경사면을 연마한다. 칼날의 각도는 도끼와 마찬가지로 30~35°다. 나는 둥근 손잡이가 달린 프랑스 아르노(Arno) 사의 콘케이브 드로 나이프(Concave draw Knife)를 선호한다. 둥근 모양의 손잡이는 당겨 깎기와 밀어 깎기 어떤 방향으로든 쉽게 기울여 깎을 수 있다. 스투바이(Stubai) 사의 직선형 드로 나이프는 나무 끝 단면을 비스듬히 깎거나 깨끗하게 마무리하는 데 매우 유용하다.

스포크셰이브(Spokeshave)

남경 대패라고도 한다. 전체가 금속으로 만들어진 현대식 스포크셰이브는 좁은 밑바닥 사이에 대팻날이 고정돼 있고, 두 개의 작은 나사로 칼날의 절단 깊이를 조절할 수 있는 정말 특별한 대패이다. 나무 표면을 세밀하게 깎거나 엇결로 인한 뜯김을 방지하기 위해 이 도구를 사용한다.

대패질할 때는 정확한 자세로 빠르게 당기거나 밀어 준다. 나무통 제작자와 의자 제작자는 오목하게 파낸 나무 면들을 서로 맞추기 위해 다양하고 특별한 스포크셰이브를 사용한다.

몸체가 나무로 만들어진 스포크셰이브는 잡는 느낌이 좋고 작업할 때 편안하지만, 직접 만들지 않는 이상 구하기가 어렵다(2019년, 현재는 만들어 파는 제작자들이 하나둘 늘고 있다.). 또한, 몸체에 끼우는 날은 대장장이나 제조업체에 주문해서 구입할 수 있다.

모든 공구에 해당하는 말이긴 하지만, 특히 질 낮은 강철로 만들어진 값이 싸고 품질이 낮으며 날 조정이 힘든 스포크셰이브는 피해야 한다. 내 경험상 값싼 스포크셰이브는 다른 저렴한 도구들과 비교해 보아도 훨씬 더 나쁘다.

가우지(Gouge)

둥근 끌 또는 환도라고도 한다. 나무 속을 파내기 위해서는 구부러진 가우지가 필요하고, 볼록하거나 평평한 표면에는 직선 형태의 가우지가 필요하다. 질 좋은 강철로 만들어진 고품질의 공구는 칼날 모서리를 오랫동안 날카롭게 유지하기 때문에 가격이 비싸더라도 좋은 품질의 공구를 마련하는 게 좋다.

가우지 손잡이에 새겨진 첫 번째 숫자는 스윕(Sweep: 가우지 단면의 구부러진 정도나 깊이)을 뜻하며, 두 번째 숫자는 날의 너비를 뜻한다. 가우지 및 삼각끌(V-Tool: 일반적으로 삼각끌이나 삼각도를 말한다.)은 스트레이트(Straight), 롱 벤트(Long Bent), 숏 벤트(Short Bent, Spoon이라고도 한다.) 및 백 벤트(Back Bent)의 네 가지 중 하나이다.

NO.1은 직선의 평평한 가우지이며, No.10은 완전한 반원형이고, No.3은 깊이가 가장 얕다. 숫자가 클수록 스윕이 깊다. 아래에 11개의 가우지들은 대부분 목공 작업에 필요한 기본 세트이다.

· 스트레이트 가우지 : No.3/16mm, No.5/30mm,
　　　　　　　　　　No.8/30mm, No.8/16mm, No.9/10mm
· 롱 벤트 가우지 : No.5/35mm, No.8/30mm
· 삼각끌 60° : 6mm, 14mm
· 삼각끌 90° : 10mm

대패(Plane)

평평한 바닥 면에 좁은 개구부나 입구가 있으며 일정한 각도를 가지고 있는 대팻날로 구성된다. 대패의 몸체는 나무나 주철(또는 다른 금속)로 되어 있다. 대팻날은 조절이 가능하며 쐐기로 고정한다. 블록(Block), 잭(Jack) 그리고 조인터(Jointer) 대패는 날 끝이 직선 모양의 대팻날을 가지고 있다.

손에 딱 들어맞는 작은 블록 대패('에이프런 플레인'이라고도 한다.)는 가장 유용하게 사용하는 대패 중 하나이다. 대팻날의 각도는 12°이며, 개구부의 간격을 조절해서 까다로운 나뭇결 작업을 좀 더 수월하게 할 수 있다. 나는 No.60-1/2을 선호한다. 다른 모델인 No.102는 리 닐슨(Lie-Nielsen) 사에서 제작하며 청동 재질로도 만들어진다.

스크럽 플레인(Scrub plane: 초벌 대패)은 대팻날 끝의 모양이 둥글다. 하지만 날의 밑바닥은 평평하기 때문에 거친 나무 표면을 빠르게 정리하는 데 유용하다. 단어 그대로 표면을 문지르듯이 하여 평평하게 다듬는다. 이때 대패질은 나무 표면의 뜯김이나 찢어짐을 방지하기 위해 나뭇결 방향에 45° 또는 90° 각도로 한다. 이렇게 대패질 한 나무 표면은 밭고랑처럼 울퉁불퉁한 물결 모양이 만들어져 마치 가우지로 작업한 것처럼 보인다.

칩 카빙 나이프(Chip carving knife)

문양이나 문자 그리고 숫자 등을 새기기 위한 새김칼이며, 칼날의 최대 길이는 25mm, 두께는 최소 1.5mm 이상 되어야 하고 고품질의 강철로 만들어진다. 다양한 형태의 칼날과 손잡이 디자인이 있는데 이것은 새김 기법에 따라 달라진다. 나는 칼끝부터 날의 중간 지점까지 칼등 쪽으로 약 15° 올라간 칼날 모양을 좋아한다. 이것은 곡선 형태의 문양과 엇결 방향 작업을 할 때 유용하기 때문이다. 그리고 나무 표면에 눌린 자국이 남지 않도록 칼등에서 칼끝 쪽으로 비스듬히 휘어져 내려온 모양을 하고 있다. 칼날 경사면은 약간 오목하게 연마되어야 하며 2차 경사면이 없어야 한다.

좋은 결과물을 얻기 위해 날카로운 칼을 사용하는 것은 매우 중요하다. 손잡이의 형태는 슬뢰이드용 칼 손잡이와 마찬가지로 단면이 타원형이다.

칩 카빙 나이프의 칼날은 최소 1.5mm 이상의 두께를 가진 고속도강(HSS 또는 하이스강)을 가공해서 만든다. 만약 고속의 건식 그라인더를 사용해 칼날을 가공한다면, 칼날이 마찰열에 의해 타거나 파손되는 것을 방지하기 위해 물로 자주 식힌다.

톱(Saw)

효과적인 톱질을 위해서는 톱니가 예리해야 한다. 톱니는 오른쪽과 왼쪽으로 번갈아가며 하나씩 바깥쪽으로 구부려 정렬해야 한다. 이렇게 하면 나무를 자르는 톱니의 폭이 톱날의 두께보다 넓어서 잘린 나무 절단면에 톱날이 끼는 것을 방지한다.

핸드 소(Hand saw)

손 톱 또는 작은 톱을 말한다. 현대식 톱 중 일부는 톱니 부분을 열처리하여 절삭력이 더 오래 유지된다. 하지만 이런 톱은 톱니 날을 다시 세워 사용할 수는 없다. 그러나 오래된 톱들의 톱니는 이렇게 단단하지 않기 때문에 금속으로 된 줄(File)을 사용해 날카롭게 연마할 수 있다.

가로 톱(Cross-cut Saw)은 나무를 섬유질 방향과 90° 각도로 자를 때 사용한다. 톱니는 양쪽으로 각각 65° 각도로 기울어져 있으며 50°의 각을 가진 톱니 날의 면은 마치 작은 칼처럼 나무를 자른다.

세로 톱(Rip-cut Saw)은 나무를 섬유질 방향과 평행한 방향으로 자를 때 사용하며 톱니는 양쪽 면 중 한쪽 면만 기울어져 있다. 각 톱니의 앞쪽은 톱날에 수직이고 뒤쪽은 60° 각도이다. 그리고 톱니 날 면의 각도는 90°다.

일부 현대식 톱에는 '하이브리드(Hybrid) 톱니'가 있어 가로 톱과 세로 톱의 기능이 합쳐져 있지만, 각각의 전용 톱만큼 효율적이지는 않다. 이 톱들의 톱니 각은 15°이고, 톱니 날 면의 각도는 75°다.

활톱(Bowsaw)

활톱은 장력이 가해지는 직선형의 착탈식 톱날을 잡아 주는 틀이 있다. 대부분 다른 도구들과 마찬가지로 톱 역시 좋은 품질의 것을 구입하면 충분히 그 가치를 한다. 통목을 위한 큰 톱과 나뭇가지를 위한 작은 톱 모두 마련하는 것이 좋다.

활톱을 사용할 때는 톱날이 조금만 무뎌져도 주저 없이 새로 교체해서 사용해야 한다. 요즘 톱날들은 열처리가 돼서 나오며 사용 후 날을 갈지 않고 교체하는 일회용이기 때문이다.

일본 톱(Japanese saw)

일본 톱과 서양 톱의 가장 큰 차이점은 나무를 절단하는 방향에 있다. 서양 톱은 톱을 밀 때 나무를 자르지만, 일본 톱은 당길 때 자른다. 일본 톱날은 서양 톱날에 비해 두께가 더 얇고 톱니가 다르게 세팅되어 작업을 빠르고 쉽게 할 수 있다. 이런 측면에서 볼 때 일본 톱은 서양 톱에 비해 또 다른 매력이 있다.

작업에 따라 몇 가지 유형의 톱이 있다. 나는 일본의 교쿠초(Gyokucho: 옥조)와 도즈키(Dozuki) 사에서 생산하는 양면 톱을 사용하는데, 한쪽은 가로 톱 그리고 다른 한쪽은 세로 톱의 기능이 있다. 또한, 보강된 등판이 있는 등대기 톱은 정밀도가 필요한 톱질에 좋다. 실키(Silky) 브랜드 역시 다양한 고품질의 톱들을 생산하고 있다.

측정 및 표시 도구

펜(Pen)

흑연 납이 포함된 0.7mm 샤프펜슬은 건조목 표면에 사용하기 적합하다. 그러나 생목에는 흑연이 잘 묻어나지 않는다. 그래서 나는 자국이 지워지지 않고 대부분 표면에 사용할 수 있는 스타빌로(Stabilo) 'All 8046 Aquarellable 8008'을 선호한다.

직각자(Try Square)

90° 각도로 설정된 L자 모양의 자이다. 수동 드릴을 이용해 수직으로 구멍을 뚫을 때 대상물과의 각도를 맞추기 위해 다양한 길이와 크기의 직각자를 사용하면 유용하다. 또한, 45°, 135° 및 다른 각도로도 고정할 수 있는 머리가 달린 조합형 직각자 세트도 있다.

자유자(Sliding bevel)

슬라이딩 베벨 또는 자유각도자라고도 한다. 조정이 가능한 잠금식 날이 달려 있어 측정한 각도를 고정할 수 있다. 그리고 그 각도를 기준으로 해서 나무에 구멍을 뚫기 때문에 드릴링할 때 가이드로 필수적인 도구이다. 똑바로 세웠을 때 잘 넘어가지 않게 바닥 면이 충분히 넓은 것이 좋다. 경사진 구멍을 뚫을 때는 구멍의 앞쪽과 옆쪽에 각각 하나씩 놓고 각도를 확인하며 뚫는다.

접자(Folding rule)

줄자보다 더 뻣뻣해서 작업성이 좋지만, 주머니에 넣고 다니기에는 불편하다. 작업의 종류에 따라 인치(inch) 단위와 센티미터(cm) 단위 두 가지 모두를 사용한다. 보통 대략적인 작업에는 인치를 사용하고 10cm 미만의 오차를 요구하는 정밀 작업에는 센티미터를 사용한다.

버니어 캘리퍼스(Vernier calipers)

이 도구는 대상물의 두께, 내부 직경 및 깊이를 측정하도록 특별히 만들어졌다. 인치, 밀리미터 및 1/10밀리미터 단위로 측정값을 표시한다. 정밀도가 필요한 작업에 없어서는 안 될 도구이다.

그무개(Marking gauge)

마킹 게이지라고도 한다. 각재의 모서리 부분에 평행한 선을 긋거나 표시할 때 사용한다. 펜슬 마킹 게이지(Pencil marking gauge)는 연필을 사용해 표시하고, 스크래치 게이지(Scratch gauge)는 작은 칼날이나 금속 핀을 사용하여 표시한다.

다양한 디자인의 제품들이 있으며, 작업에 따라 적합한 형태의 게이지를 선택할 수 있다. 나는 목재 표면에 깊은 표식을 할 때, 끝이 가늘고 뾰쪽한 칼날이 있는 일본식 그무개를 사용한다.

줄자(Tape measure)

강철 소재로 만든 띠 모양의 자로 길이를 측정하기 위해 길게 풀어 쓸 수 있다. 훌타포스(Hultafors) 사는 잠금 장치가 있고 내부, 외부 및 직경을 측정할 수 있는 독창적인 디자인의 줄자를 만든다.

줄자 케이스에 금속 핀이 달려 있어서 이것을 이용해 측정된 위치를 긁어 표시할 수 있고, 대상물의 표면에 원을 그릴 수도 있다.

드릴링 도구

T-오거(T-Auger)

이 도구는 나무로 틀을 만들거나 통나무로 집을 지을 때, 연결 부위에 나무못을 박기 위해 구멍을 뚫는 용도로 사용한다. 나는 수축통 재료에 구멍을 뚫거나 의자 다리를 위한 장붓구멍을 만들 때 사용한다.

비트(Bit: 나무를 뚫고 들어가는 부분)의 끝 모양은 여러 가지가 있다. 나무 끝 단면을 뚫고 들어가는 데 가장 적합한 형태는 비트 끝 양쪽 날이 한쪽 방향으로만 휘어진 것이다. 이것은 나무의 단면과 측면을 동시에 절단하며 파고 들어간다.

또 다른 모양으로는 비트 끝 각 면에 두 개의 돌출된 날이 있는 형상이다. 돌출된 날(Spur)은 이미 깎인 나무 부스러기가 비트의 바닥 날(Cutter)에 의해 제거되기도 전에 섬유질을 절단한다. 하지만 비트 끝 중앙에 달린 나사가 나무 단면의 섬유질 속으로 파고 들어가기 위해서는 많은 힘이 필요하다.

만약 벼룩시장이나 골동품 가게에서 오래된 T-오거를 발견한다면 먼저 비트 끝에 달린 나사가 손상되었는지부터 확인해야 한다. 비트 날은 작은 금속 끌을 사용해 날의 안쪽 경사면을 간다.

수동 드릴(Brace)

물림쇠(Chuck)를 돌려 조임쇠(Jaw)를 조절하는 척 스핀(Chuck Spindle)을 가지고 있다. 비트는 몇 가지 모양으로 이뤄진 물림쇠의 소켓에 삽입되어 조임쇠에 의해 고정된다. 조임쇠의 개수는 비트의 디자인에 따라 다른데 요즘에 생산되는 대부분의 비트는 조임쇠가 세 개 있는 수동 드릴에 맞는다.

좋은 수동 드릴을 벼룩시장에서 발견할 수도 있지만, 만약 신품을 사고 싶다면 좋은 품질의 브랜드 제품을 구입하는 것이 좋다.(Lee Valley Tools, Garrett Wade, Dictum 등의 회사에서 현대식 수동 드릴을 판매한다.)

오거 비트(Auger bit)

수동 드릴 날이다. 오거 비트의 끝단에는 나무 섬유질을 파고 들어 가며 비트를 나무 속으로 끌어당기는 나사가 달려 있다. 비트의 한쪽 면에는 돌출된 날이 달려 있는데, 이 날은 바닥 날이 구멍에서 나무 부스러기를 제거하기도 전에 섬유질을 자른다. 만약 비트의 몸체가 휘어져 있지 않고 곧으며 날과 나사가 손상되지 않았다면, 오래된 제품이라 할지라도 잘 작동한다.

작은 금속 줄로 돌출된 날과 바닥 날의 안쪽 면을 간 후 고운 입도의 숫돌을 사용해 날카롭게 마무리한다. 초보자가 쓰기에 적합한 크기는 8mm, 10mm, 12mm, 14mm, 16mm, 26mm

그리고 32mm이다. 결국, 2mm 간격으로 6~32mm까지의 오거 비트가 필요하다.

날 연마하기

수직 그라인더(Grindstone)

수직 그라인더의 원형 숫돌은 절삭 공구에 날 경사면을 만든다. 좋은 원형 숫돌은 완전히 둥글고 칼날 경사면을 빠르고 균등하게 갈아 낸다. 원형 숫돌의 직경은 18~55cm로 다양한 크기가 있다. 만약 습식 그라인더를 사용한다면 원형 숫돌이 담기는 물통은 쉽게 움직이고 물을 채울 수 있으며 비울 수도 있어야 한다. 그리고 장시간 사용하지 않을 때는 원형 숫돌을 물에 담가 두면 안 된다. 물 속에 담긴 원형 숫돌이 물을 흡수해 물러지고 모양이 타원형으로 변형될 수 있기 때문이다.

도끼나 드로 나이프와 같이 칼날과 손잡이가 크고 긴 공구를 연마할 때는 움직임이 방해받지 않도록 그라인더 주변으로 충분한 공간을 확보한다.

스웨덴의 토멕(Tormek) 사는 슈퍼그라인드(Supergrind)라고 불리는 양질의 탁상용 습식 그라인더를 제작하여 그 명성을 이어가고 있다. 칼, 도끼, 가우지, 평끌, 목선반용 공구, 대팻날 그리고 가위 등의 칼날 경사면을 정확하게 갈 수 있는 여러 가지 지그들도 있다.

토멕 사의 습식 그라인더를 사용해 작은 도끼와 드로 나이프를 연마할 때는 먼저 폴리싱 휠(Polishing wheel)을 제거해 여유 공간을 확보한다.

숫돌(Sharpening stone)

숫돌은 그라인더에서 1차 가공된 칼날 모서리에 생긴 버(Burr: 금속 찌꺼기로 금속 등을 가공할 때 생기는 얇은 지느러미 모양의 잉여 부분)를 제거한다. 다양한 입도와 연마 성능이 다른 많은 숫돌이 있는데 역사적으로 숫돌은 채석된 자연석이나 사암 그리고 그밖에 여러 가지 품질이 있다.

인도, 노턴(Norton), 알칸사스(Arkansas) 또는 스웨덴 로스(Swedish Los)와 같은 지역에서 생산되는 질 좋은 돌들은 평평하고 오물이나 금속 잔여물 등이 섞이지 않아 천연 숫돌로 사용하기에 좋다.

오늘날에는 알루미늄 옥사이드(Aluminum oxide)나 실리콘 카바이드(Silicon carbide)로 만든 일정한 크기의 입자를 지닌 합성 숫돌이 생산되고 있다. 또한, 철판 표면에 인조 다이아몬드 가루를 도포한 다이아몬드 숫돌도 있다. 일반적으로 이 숫돌들은 매우 거친(Extra-coarse), 거친(Coarse), 보통(Medium), 고운(Fine) 그리고 아주 고운(Extra-fine)의 등급으로 나뉜다. 칼날 경사면을 평평하게 만들기 위해서는 적어도 거친, 보통 그리고 고운 등급의 숫돌 세 개가 필요하다. 가우지를 연마할 때는 날의 모양처럼 생긴 숫돌을 사용해야 한다. 또한, 천연 숫돌이나 합성 숫돌의 경우 숫돌 표면에 금속 찌꺼기가 쌓이게 되면 연마 기능이 떨어지기 때문에 반드시 찌꺼기를 제거한 후 사용해야 한다.

예전에는 윤활을 위해 숫돌 표면에 점도가 낮은 기계유를 사용하여 칼을 연마하는 것이 일반적이었지만, 오늘날 많은 목공 작업자는 청소가 쉽고 뒤처리가 간단한 물을 사용한다. 만약 숫돌에 기계유를 한 번이라도 사용했다면, 그 숫돌에 다시 물을 사용할 수는 없다.

일본 숫돌은 다른 숫돌들보다 돌의 입자가 더 쉽게 갈리기 때문에 칼날을 빠르게 연마할 수 있다. 하지만 그만큼 숫돌 표면이 더 빨리 닳아 없어지고 불규칙해지기 때문에 수직 그라인더의 원형 숫돌 측면이나 또는 거친 다이아몬드 숫돌을 이용해 주기적으로 면 고르기를 해야 한다.

일본 숫돌은 사용하기 전 몇 분 동안 물에 담가 둬야 한다. 숫돌의 입도는 800, 1000, 4000, 6000, 8000 그리고 그 이상이 있다(숫돌의 거칠기를 뜻하며 보통 숫자 뒤에 '방'자를 붙인다.).

우선 1000방으로 시작한다. 8000방은 굉장히 고와서 칼날에 광을 낸다. 나는 다이아몬드 숫돌을 선호한다. 마모가 아주 적고 칼날을 신속하게 갈며 숫돌 표면이 항상 평평하게 유지되기 때문이다. 다이아몬드 숫돌은 아주 거친 것부터 아주 고운 것까지 다양한 크기와 입도가 있다. 수직 그라인더를 대신해 아주 거친 다이아몬드 숫돌로 초벌 연마를 할 수는 있지만, 구조적으로 칼날 경사면을 오목하게 갈지는 못한다.

DMT는 단결정(Mono-Crystalline) 숫돌로 잘 알려진 고품질의 브랜드로, 다결정(Polycrystalline) 제품보다 내구성이 뛰어나다.

내가 좋아하는 휴대용 다이아몬드 숫돌의 크기는 1×4인치이고 '거친', '고운' 그리고 '아주 고운'의 세 가지 종류가 있다.

가죽 숫돌과 연마제

칼날 모서리 끝에 남아 있는 버를 제거하고 칼날 경사면에 광택을 내기 위해 스트로핑(Stropping: 날 연마의 마지막 단계로 가죽이나 나무판에 연마제를 바르고 날을 세우는 작업. 폴리싱이라고도 한다.)이 필요하다. 깔끔한 나무 표면을 얻기 위해서는 버를 제거해야 한다. 저렴한 방법으로는 평평한 나무판이나 가죽 표면 위에 페이스트 타입의 연마제를 직접 발라 날을 세우는 것이다.

전통적인 가죽 숫돌(Strop)은 손잡이가 있는 평평한 나무 면에 가죽을 붙인 것이다. 나는 가죽 숫돌에 막대 타입의 '디아룩스 블랑(Dialux blanc)'을 연마제로 사용한다. 하지만 막대 타입의 금속용 흰색 연마제라면 어떤 제품이라도 상관없다. 스트로핑의 순서는 다음과 같다.

우선 평평한 가죽 숫돌 면에 적당량의 연마제를 바른 후, 그 위에 칼날 경사면을 대고 살짝 누른다. 이렇게 칼날 경사면이 가죽 표면과 접촉한 상태로 누르면서 당긴다. 그런 다음 이번에는 칼을 뒤집어 반대쪽 칼날 경사면을 당길 때와 같은 방법으로 민다. 버가 보이지 않거나, 버가 느껴질 때까지 양쪽 면을 번갈아 반복한다.

칼날 모서리를 손톱 위에 대고 밀거나 당기면서 모서리 전체가 손톱을 지나게 하면 버가 남아 있는지 확인할 수 있다. 이때 칼날이 걸리는 느낌이 든다면, 여전히 약간의 버가 남아 있다는 뜻이고, 다시 스트로핑을 해야 한다.

오토솔(Autosol)은 크롬용 금속 연마제로 자동차 부품 관련 상품 목록에서 쉽게 찾을 수 있는 브랜드다. 이 제품은 튜브 타입으로 판매되며 내용물은 마치 치약처럼 보인다. 그렇다고 스트로핑을 화장실에서 하는 것을 권하진 않는다.

마감하기

보통 칠이 안 된 나무 표면을 마감하기 위해 보일드 또는 로린시드 오일을 사용한다. 그리고 칠을 할 때는 튜브 타입의 전문가용 유화 물감을 사용하는데, 70p의 칠하기와 마감하기를 참조하자.

붓 마블링(Marbling), 그레이닝(Graining) 그리고 스텐실링(Stenciling)을 위한 다양한 품질의 미술용 붓들이 있다.

나는 보통 물감을 얇고 균일하게 펴 바를 수 있도록 가로세로 6~25mm의 고품질 합성 털로 만들어진 평평하고 뻣뻣한 중간 크기의 붓을 사용한다. 붓을 사용한 후에는 유화 물감 전용 세척제를 사용해 물로 세 번 정도 씻는다. 일단 칠이 마르고 나면 표면을 보호하기 위해 부드러운 광택을 내는 맑은 카나우바 왁스(Carnauba wax: 야자수의 잎과 싹을 재료로 한 왁스)를 바른다. 나는 리베론(Liberon) 사에서 생산하는 블랙 바이슨 앤티크 왁스(Black Bison Antique Wax)를 선호한다. 하지만 음식이 닿는 부위에는 왁스를 바르지 않는다.

셰이빙 홀스

셰이빙 홀스는 제재목 판재나 통목을 쪼개서 만들 수 있는데 나무의 강도는 경질(Hard)에서 중 경질(Medium-hard) 정도가 적합하다. 나는 마가목, 자작나무, 단풍나무, 물푸레나무, 참나무 또는 느릅나무와 같은 튼튼한 재료로 만들어야 하는 머리와 다리를 제외한 모든 부위에 밀도가 높은 소나무를 사용한다.

좌판, 지렛대 그리고 경사판의 두께는 40mm 정도가 좋다. 하지만 셰이빙 홀스를 고정식으로 만들 때는 안정성을 높이기 위해 좌판을 더 두껍게 할 수도 있다.

62p의 그림은 셰이빙 홀스를 만들기 위한 참고 도면이며, 치수는 필요에 맞게 수정할 수 있다. 머리와 가로대의 구조 또는 발판에는 굽은 나뭇가지를 사용해 더 강하게 만들 수 있다. 만약 어린이가 셰이빙 홀스를 사용한다면, 안전을 위해 발판의 위치는 더 높아야 하고 경사판의 각도는 더 낮아야 한다.

좌판(Bench)

우선 좌판부터 만들기 시작한다. 좌판에 다리를 꽂기 위한 장붓구멍을 뚫어 주는데, 이때 다리의 각도는 우측을 기준으로 측면에서 70°, 정면에서 75°가 돼야 한다.

그다음 지렛대가 들어갈 곳에 구멍을 뚫은 후 평끌을 이용해 구멍을 치수에 맞게 직사각형으로 만든다. 이렇게 만들어진 직사각형의 구멍 안쪽 네 개의 면 중 짧은 면 두 곳은 지렛대가 앞뒤로 최대한 움직일 수 있도록 위에서 아래쪽으로 경사지게 깎는다. 그리고 스크럽 플레인, 잭 플레인 또는 스트레이트 가우지를 사용해 좌판을 매끄럽게 깎은 후 다리를 만들어 끼우고 불필요한 부위는 잘라 낸다. 마지막으로 몸이 닿았을 때 불편함을 없애기 위해 각 모서리를 경사지게 깎는다.

경사판과 수직 연결대(Ramp and Riser)

클램프를 이용하여 수직 연결대를 좌판에 고정한다. 직경 12mm 오거 비트를 사용해 좌판의 아래부터 위쪽으로 관통시키고, 수직 연결대 속으로 50mm 더 집어넣는다. 오거 비트와 같은 직경의 목봉(Wooden dowel)을 사용하여 수직 연결대를 좌판에 고정한다. 이제 경사판을 수직 연결대 위에 올려 좌판과의 각도를 확인한 후 필요하다면 수직 연결대의 기울기를 조정하여 경사판과 접촉면을 맞춘다. 이 상태로 경사판을 클램프로 고정한다.

12mm 평끌을 이용해 경사판 구멍 속 절반 지점까지 정사각형으로 따 내고, 거기에 맞게 나무를 깎아 목공 접착제와 쐐기로 고정한다.

일반적으로 셰이빙 홀스에서 작업할 때는 드로 나이프를 몸쪽으로 당겨 깎는다. 그런데 작업을 하다 보면 종종 드로 나이프를 밀어서 깎을 일이 생긴다. 이러한 상황을 위해 톱으로 경사판의 앞쪽 단면부에 블랭크를 걸칠 수 있는 턱을 만든다.

셰이빙 홀스의 장붓구멍을 원뿔형으로 가공해서 다리를 착탈식으로 만들면 분해 조립이 쉽고, 셰이빙 홀스를 좀 더 쉽게 운반할 수 있다. 그리고 경사판 쪽 다리 두 개를 쉽게 빼내기 위해서는 다리 위쪽의 경사판 부분을 참고 도면의 파선 부분과 같이 잘라 준다. 그러면 이 부분을 통해 다리 윗부분을 망치로 쳐서 쉽게 분리할 수 있다.

다리(Leg)

곧은결의 자작나무, 마가목, 물푸레나무, 느릅나무 또는 참나무를 사용한다. 장붓구멍에 다리가 끼워져 작업자의 하중을 받았을 때 장부 부분이 더 이상 장붓구멍 밖으로 밀고 나오는 것을 막기 위해 장부 아래쪽에 숄더(Shoulder: 양쪽 또는 사방둘레로 턱진 부위를 말한다.)를 만든다. 이것을 위해 다리 직경이 장부 직경보다 커야 한다는 것을 기억하자.

만약 다리를 착탈식으로 만들었다면, 재부착 시 올바른 위치에 끼워 넣을 수 있게 각 다리와 장붓구멍에 표식을 한다. 좌판 구멍 뚫기에 관해서는 96p의 스툴 편을 참조한다.

지렛대(Arm)

지렛대의 상부에 20×80×120mm의 장부를 만든다.

지렛대의 발판 쪽 장부에는 발판이 앞뒤로 걸리는 턱은 있지만 옆으로 걸리는 턱은 없으며, 지렛대와 같은 40mm 두께로 만든다. 또한, 지렛대의 머리 쪽과 발판 쪽의 장부 턱은 자유자를 사용하여 참고 도면과 같이 경사지게 자르고 평끌을 이용해 장부를 고르게 다듬는다. 그리고 머리와 발판을 장부에 고정하기 위한 쐐기 구멍은 20mm 직경으로 뚫고, 실톱을 사용해 반원으로 자른다. 높이를 조절할 때 사용하는 지렛대의 핀 구멍은 직경 10mm로 뚫어야 하고, 첫 번째 구멍과 장부 아래 턱까지의 거리는 40mm 그리고 각 구멍 간 간격은 25mm로 한다.

발판과 머리(Treadle and head)

20mm 드릴로 머리의 넓은 면에 장붓구멍을 뚫고 자유자를 사용해 장부 경사면에 맞게 각도를 계산한다. 평끌을 이용해 머리가 장부에 단단히 고정될 수 있도록 정확한 수치로 마감한다. 그리고 모든 부위가 조립된 후 머리와 경사판 사이의 기울기를 조정한다.

고정용 쐐기와 높이 조절용 핀(Wedge and pin)

활엽수와 같은 단단한 나무를 사용해 머리와 발판에 고정용 쐐기를 만든다. 쐐기는 적당한 힘을 가해 구멍에 끼웠을 때 헐겁지 않고 딱 들어맞아야 한다. 발판 쪽 쐐기 구멍은 머리 쪽 쐐기 구멍보다 작은 12mm 구멍으로 대체할 수 있다.

지렛대 높이 조절용 핀은 10mm 직경의 철제 환봉으로 만든다. 핀의 한쪽 끝은 구멍에 삽입하기 쉽도록 모서리 부분을 살짝 간다. 또한, 철제 환봉 대신 물푸레나무나 참나무로도 핀을 만들 수 있는데, 이때는 핀의 직경을 16mm로 늘린다.

밀리미터(mm) 단위를 사용한 콘티넨탈 타입의 셰이빙 홀스 도면이다. 미국 컨트리 워크숍스(Country Workshops)의 드류 랭스너(Drew Langsner)가 만든 디자인을 기반으로 그렸다.

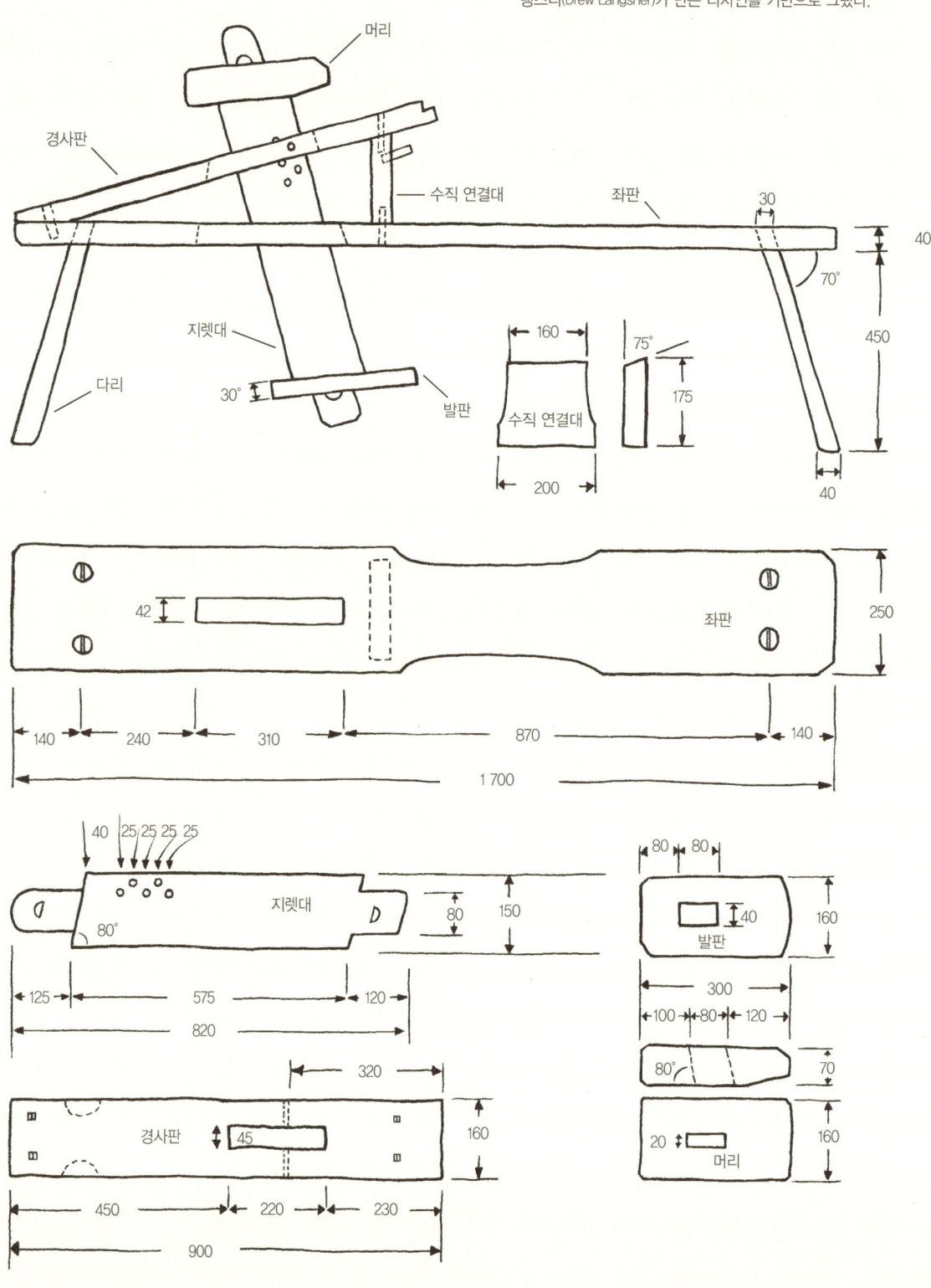

나무 쪼개기

도구

쪼개기용 나무망치, 대형 쇠망치, 프로우, 쪼개기용 쐐기(철 또는 알루미늄) 등이 있다. 또한, 쪼갠 단풍나무나 참나무를 사용해 자기만의 나무쐐기를 만들 수 있다.

장점

슬뢰이드 제작자는 항상 나무를 쪼개서 사용한다. 만약 나무의 결이 곧고 옹이가 없다면 쪼개는 것이 자르는 것보다 빠르다. 이것은 불필요한 힘을 쓰지 않도록 해 준다. 곧게 쪼개진 나무는 작업하기에 훨씬 쉬울 뿐만 아니라, 이렇게 섬유질을 따라 쪼개진 나무는 강하고 구부릴 수 있으며 유연하다.

제재목의 옹이와 파도 모양의 나뭇결은 엇결과 곧은결로 구성되며, 이러한 구조는 칼이나 도끼로 작업하기 어렵다. 또한, 긴장 상태로 있는 제재목은 마르면서 틀어지고 뒤틀린다. 그래서 나무를 쪼개서 사용하면 가장 질 좋은 부분을 얻을 수 있고, 이것은 결국 고품질의 작업 재료를 얻는 길이다.

그러나 가끔은 나무를 제재할 필요가 있다. 시간이 걸리긴 하지만 대신에 재료를 최대한 절약할 수 있다. 잠재적인 단점으로는 섬유질이 짧은 부분이 충격에 약할 수 있다는 것이다. 만약 스플리팅(Splitting: 나무 쪼깨기)을 위한 곧은결의 재료를 찾을 수 없고, 제재된 나무를 사용해야 할 때는 쪼갠 재료와 같은 강도를 얻기 위해 디자인에 두께를 추가하여 보완한다. 수공구를 사용하면 재료의 좋고 나쁨이 작업 효율에 많은 영향을 끼치는 걸 알 수 있다. 또한, 나무의 종별, 종류별 그리고 심지어는 같은 나무의 부위별에 따라서도 작업 특성에 차이가 있음을 알게 된다.

햇빛, 토양, 바람 그리고 눈을 포함한 여러 가지 성장 조건은 나무의 품질에 직접적인 영향을 미친다.

나무의 뿌리 부분은 종종 견고하고 단단한 파문(불규칙한 나뭇결)을 가지고 있는데 이런 특성은 쪼개짐을 어렵게 만든다.

나무는 종별로 각기 다른 특성이 있다. 예를 들어, 참나무는 쪼개기가 쉽고 똑바로 나뉘지만, 마목은 쪼개기가 힘들고 종종 뒤틀려 자란다. 옥외용으로는 너무 빨리 부식되는 자작나무보다는 느리게 성장한 가문비나무가 적합하다.

나무의 종별에 따라 용도가 다른데, 이를 알면 작업에 적합한 나무를 쉽게 선택할 수 있다. 오리나무는 섬유질이 짧긴 하지만, 부드럽고 질겨서 나무 신발을 만들 때 사용했었다.

나무를 쪼개는 일은 계절에도 영향을 받는다. 예를 들어, 얼어 버린 자작나무는 쉽게 쪼갤 수 있지만, 쪼개짐 역시 바깥쪽을 향해 진행되기 쉽다. 이것을 방지하기 위해서는 우선 얼어 있는 자작나무를 실온에서 충분히 녹인다. 그런 다음 나무를 쪼개면 얼어 있을 때보다 쉽게 곧은 재료를 얻을 수 있다.

나무 쪼개기를 연습하면 할수록 나무의 내부 상태를 좀 더 쉽게 판단할 수 있다.

두 개의 튼튼한 쐐기로 나무 쪼개기

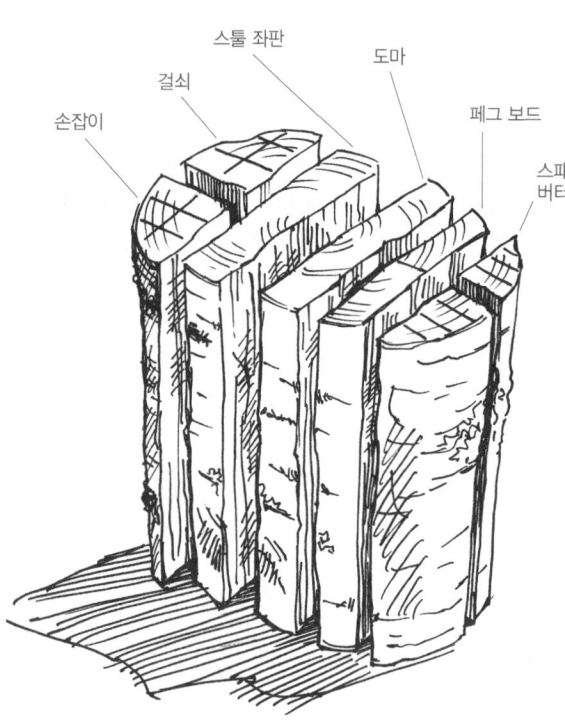

건조 시 균열을 피하고자 나무의 수심과 그 주변의 몇 센티미터 부위를 쪼개 없앤다. 나무를 쪼개서 재료를 얻는 방법은 좋은 재료보다 나쁜 재료를 더 많이 얻을 수도 있다. 그래서 나무 쪼개기에는 항상 예측되는 위험이 존재한다.

블랭크를 선택하는 방법

• 건강 상태가 좋은 나무를 선택한다. 땅이 습한 곳에서 자란 나무라면, 심재 부분이 부패했을 수 있다. 나무가 경사면에서 자랐다면, 인장 이상재 또는 압축 이상재가 생긴다.

• 옹이를 피한다. 나무껍질의 불규칙성을 보면 비록 크게 자란 나무라 할지라도 안쪽에 옹이가 있다. 옹이는 파도 모양의 나뭇결을 만드는데, 이 부분은 칼이나 도끼로 작업하기가 상당히 어렵다.

• 뒤틀린 나무는 피한다. 나무 몸통의 껍질과 모양을 보면 나무가 뒤틀려 자랐는지 알 수 있다. 작업 목적에 따라 곧거나 휘어진 나무 또는 굵거나 가는 나무를 선택한다.

건조 후 나무 끝단의 갈라진 부위를 잘라 내기 위해 블랭크의 길이를 충분히 확보한다. 또한, 수심 주변 부분을 제거해야 하니 계획했던 최종 크기보다 큰 치수의 블랭크를 사용한다.

나무별 블랭크

쪼개기 쉬운 나무 :

물푸레나무, 참나무, 오리나무, 갯버들, 사시나무

쪼개기 적당한 나무 :

자작나무, 소나무, 가문비나무, 회색오리나무

쪼개기 어려운 나무 :

마가목, 귀룽나무, 느릅나무, 향나무, 라일락나무, 과실나무, 서어나무, 스웨덴 팥배나무 슬뢰이드를 위한 다양한 나무의 종별 특성과 적합성에 대한 표는 46p에서 확인할 수 있다.

스플리팅

재료의 낭비를 최소화하기 위해 우선 어떻게 쪼갤지를 계획한다. 그런 다음 쐐기를 이용해 쪼개기 시작하는데 이때 균등한 쪼개짐을 위해 두 개의 쐐기를 사용한다. 알루미늄 쐐기는 안전성과 기능 면에서 다른 재질의 쐐기들보다 우수하다.

우선 나무가 균등하게 갈라지는 것을 돕기 위해 프로우를 사용해서 절단 면에 스코어링 마크(Scoring Mark: 본격적인 쪼개기를 위해 쪼갤 위치에 하는 자국이나 표시)를 만든다. 그다음 쐐기를 사용해 쪼개는데 항상 수심을 기준으로 쪼개기 시작한다.

일반적으로 접선 방향보다는 반지름 방향으로 나누는 것이 더 쉽지만, 나무의 종류에 따라 다르고 나무가 마르면 이런 요소는 크게 영향을 주지 않는다.

프로우와 나무망치를 사용해 나무 끝 단면에 긴 스코어링 마크를 만든 후, 대형 쇠망치와 쐐기를 이용해 쪼갠다. 먼저 균형을 잡고 쪼갤 나무 앞에 안정되게 선다. 이때 다리의 폭은 어깨너비의 두 배 정도로 벌리고, 나무와의 거리는 대형 쇠망치의 길이보다 좀 더 길게 확보한다. 그리고 몇 번의 테스트 스윙을 해 본다. 스윙을 할 때 한 손은 손잡이 끝에, 그리고 또 다른 한 손은 망치 머리 가까이를 잡은 후 망치를 머리 위쪽으로 들어 크게 호를 그리며 내려친다. 이때 망치 머리 쪽에 있던 손은 스윙에 가속도를 더하기 위해 손잡이를 타고 미끄러지듯 손잡이 끝으로 이동시키며 쐐기를 90° 각도로 힘껏 내려친다.

나무 쪼개기의 4가지 원칙

1. 프로우는 항상 나무망치를 사용해 내려친다.
2. 통목을 쪼갤 때는 먼저 반으로 나눈다. 직선 분할(Straight split)을 할 때는 양쪽 모두 쪼개지는 힘이 균형을 이룰 수 있게 한다. 이때 만약 나무가 한쪽으로 치우쳐 쪼개지기 시작한다면, 그 쪼개짐은 질량이 더 적은 쪽으로 계속 진행된다. 옹이는 단단하게 얽힌 섬유질로 인해 나무를 쪼개기 어렵게 만든다. 나무망치를 내려칠 때 프로우를 잡은 손이 자신도 모르게 움직여 분할 위치가 변경되기 쉬우니 조심스럽게 조준하여 힘 있게 내려친다.
3. 항상 갈라진 곳을 따라 쪼갠다. 그렇지 않으면 블랭크에 균열이 생겨 결국 파손된다. 첫 번째 타격으로 프로우가 나무에 살짝 박힐 정도로 충분히 세게 내려친 후, 계속해서 같은 곳을 내려친다.
4. 만약 두께가 얇은 쪽으로 쪼개짐이 진행된다면, 프로우의 손잡이를 두꺼운 쪽으로 밀거나 당겨서 쪼개지는 방향을 조절한다. 단, 쪼개짐이 끝나지 않은 상태의 나무 틈 사이로는 절대 손을 넣지 말아야 한다.

블랭크가 두꺼워서 제거할 부분이 많다면 처음부터 도끼를 사용하는 대신 먼저 프로우를 사용해 양쪽 끝단에서 필요 없는 부위를 쪼개 없앤다. 이렇게 하면 불필요한 도끼질을 줄일 수 있다. 원하는 치수에 최대한 가깝게 쪼갤 수 있도록 집중하고, 매끄러운 표면 마감을 위해 드로 나이프로 깎아 낼 약간의 나무를 남긴다. 먼저 블랭크를 정사각형 또는 직사각형으로 만든 후 도끼 또는 드로 나이프로 다듬는다. 만약 철제 쐐기를 사용해야 한다면 보안경을 착용한다.

나는 항상 작업실에 곧은결의 마른 자작나무를 보관하고 있다. 곧은결의 나무를 올바른 치수로 쪼개는 것은 톱질과 비교했을 때 그 속도가 훨씬 빠르다.

예측되는 위험을 감수하는 것이 슬뢰이드의 철학이며, 이런 요소는 슬뢰이드를 더욱 재밌게 만든다.

스플리팅 브레이크는 프로우를 사용할 때 큰 도움이 된다. 이 도구는 블랭크의 쪼개짐을 프로우로 조절해 똑바로 나눌 수 있게 돕는다.

나무 깎기와 인간공학

매끄럽게 깎인 면
날카롭게 연마된 칼로 깎은 나무의 표면보다 매끄러운 것은 없다. 다시 말해 빛을 반사하는 매끄럽게 깎인 나무 표면의 아름다움과 경쟁할 수 있는 사포는 이 세상에 없다는 뜻이다. 사포질은 먼지가 발생하고 지루하며 시간이 오래 걸린다. 모든 나무 깎기는 칼이 나무를 베고 들어간다는 것을 기본으로 한다. 날카로운 칼을 피부에 대고 가볍게 눌렀을 때 만약 칼날을 움직이지 않는다면 피부는 베이지 않을 것이다. 오직 칼을 어느 방향으로든 움직일 때만 피부가 베인다. 이것은 나무에도 똑같이 적용된다. 약간 오목하게 연마된 칼날 경사면은 길고 매끄러운 표면을 깎을 수 있다는 장점이 있다. 또한, 작업물의 표면을 정확하고 뚜렷하게 만들어 준다. 그래서 작업물의 전체적인 형태에서 각각의 면과 선들을 보다 명확하게 볼 수 있다.

나뭇결을 따라 깎자!
나무를 깎다 보면 나뭇결에 맞서서 작업하는 것이 불가능하다는 것을 곧 알게 된다. 결을 무시하고 작업을 강행하면 결국에는 나무가 뜯기거나 쪼개진다. 나뭇결이 바뀔 경우, 나이프 그립을 바꾸거나 블랭크를 돌려서 깎아야 한다.

나무를 오목하게 깎을 때는 깎인 면의 가장 깊은 곳에서 섬유질 방향이 바뀌므로 이곳에서 나무가 뜯지지 않게 다시 반대 방향에서 조심스럽게 깎아야 한다. 이때 칼은 반드시 날카로워야 한다. 칼날 경사면을 오목하게 연마하기 위해 프리핸드 연마(Freehand-grind: 보조 도구를 사용하지 않고 칼을 손으로만 잡고 연마하는 방법)를 하는 것은 그 자체로 예술이다.

슬뢰이드 작업은 칼을 기본으로 하기 때문에 칼을 연마하는 방법을 배우는 것은 당연한 일이다. 다음에 소개될 날 연마하기를 주의 깊게 읽고 꾸준히 연습하길 바란다.

힘의 강약을 조절할 줄 알아야 한다
칼이나 도끼 등의 절삭 공구로 작업할 때는 무엇보다 안전이 중요하다. 나는 많은 양의 나무를 제거할 때 그리고 칼질을 조절하거나 나무 표면을 매끄럽게 깎을 때 큰 힘을 사용한다. 이렇게 칼을 사용할 때는 힘의 강약을 조절할 수 있어야 하고 행동하기 전에 생각해야 한다.

만약 통제력을 잃은 칼날이 나무에서 벗어난다면 어떤 일이 생길까? 빠른 순발력으로 칼질을 멈출 수 있을까? 아니면 어딘가에 설치된 안전벨트가 작동할까?

보통 작업자는 자신의 나이프 그립이 정확한지 아닌지를 무의식적으로 느끼고 안전 점검을 한다. 이때 만약 안전하다고 느껴지지 않는다면, 그것은 정말 안전하지 않은 것이다. 작업자는 근육, 체중 그리고 칼질의 강약, 이 세 가지를 동시에 조절해서 작업하고 나무를 깎을 때는 주로 등과 어깨 근육을 사용한다.

또 다른 예로는 가우지를 사용해서 나무를 깎는 것이다. 가우지로 스툴 좌판의 면을 매끄럽게 깎을 때 왼손은 가우지의 중간 부분을 잡고(오른손잡이일 경우), 오른손은 가우지의 손잡이 뒤쪽을 감싸 쥔다. 오른쪽 겨드랑이를 옆구리에 밀착시킨 다음, 가우지의 날 부분을 블랭크에 대고 고정한다. 이때 오른 손목의 안쪽은 갈비뼈에 댄다. 그런 다음 몸 전체를 사용해서 가우지를 밀면 원하는 곳에서 가우지의 진행을 멈추기 쉽다. 이것은 단순히 팔의 힘만을 이용해 가우지를 미는 것이 아니라 오른발 뒤꿈치부터 시작된 몸 전체의 힘을 가우지 끝에 모아 진행한다.

가우지를 미는 자세와 잡는 법은 작업 내내 계속해서 바뀌고 다양한 방법이 결합하기도 한다. 그러니 시행착오를 두려워하지 말자. 반복된 작업으로 나무 깎기에 능숙해지면 사포가 필요 없어지고, 이것은 사포질할 때 발생하는 유해한 먼지뿐만 아니라 사포질하는 시간까지도 절약해 준다.

슬뢰이드를 능숙하게 작업하기까지는 오랜 시간이 걸린다는 것을 명심하자. 다시 말해, 일정 수준의 작업 단계와 속도를 내기 위해서는 인내심이 필요하다. 그것은 마치 악기 연주법을 배우는 것과 같다. 처음 악기를 배울 때는 음과 박자가 맞지 않지만, 꾸준한 연습을 통해 어느 순간 올바른 리듬을 얻게 된다.

날 연마하기

우드카빙용 칼날 연마 절삭 공구를 정확하고 날카롭게 연마하는 것은 매우 중요하다. 그리고 우드카빙 나이프의 칼날 경사면에는 부수적인 2차 경사면이 없어야 한다. 나무를 아무런 문제 없이 길고 매끄럽게 깎기 위해서는 칼날 경사면의 뒷부분이 칼날 모서리를 지지해야 한다. 칼날 경사면이 볼록하거나 둥글면 칼날 모서리가 나무 표면에 제대로 밀착되지 못하고 벗어난다. 만약 칼날 경사면에 2차 경사면이 있다면 칼날 모서리가 나무를 제대로 깎지 못하고 두 경사면 사이의 솟은 부분을 타고 넘을 수 있다.

나무 표면이 평평하거나 볼록할 때는 칼날 경사면이 평평하거나 오목한 것을 사용하고, 나무 표면이 오목할 때는 칼날 경사면이 볼록한 것을 사용하는 것이 원칙이다.

나무의 단단함과 강철의 품질은 칼날의 내구성에 큰 영향을 미친다. 만약 칼날의 각도가 22°보다 작으면 너무 얇아서 칼날 모서리가 잘 부러진다. 또한, 강철이 너무 강해도 칼날 모서리가 쉽게 깨지고 반대로 너무 약하면 칼날 모서리가 구부러진다.

강철의 품질, 템퍼링(Tempering: 뜨임. 담금질한 강철을 다시 가열해서 내부 응력을 없애 주는 작업) 그리고 어닐링(Annealing: 풀림. 템퍼링 후 강철을 연하게 만드는 작업)은 칼날의 강도와 인성의 균형을 유지하는 데 중요한 역할을 하며, 칼날 각도와도 밀접한 관련이 있다. 칼날 각도는 자유자나 각도기를 사용해 측정한다.

2차 경사면을 가지고 있다. 이러한 칼날의 형태를 헌팅 그라인드라고 한다. 하지만 나무를 안정적으로 깎기 위해서는 이러한 2차 경사면은 없앤다.

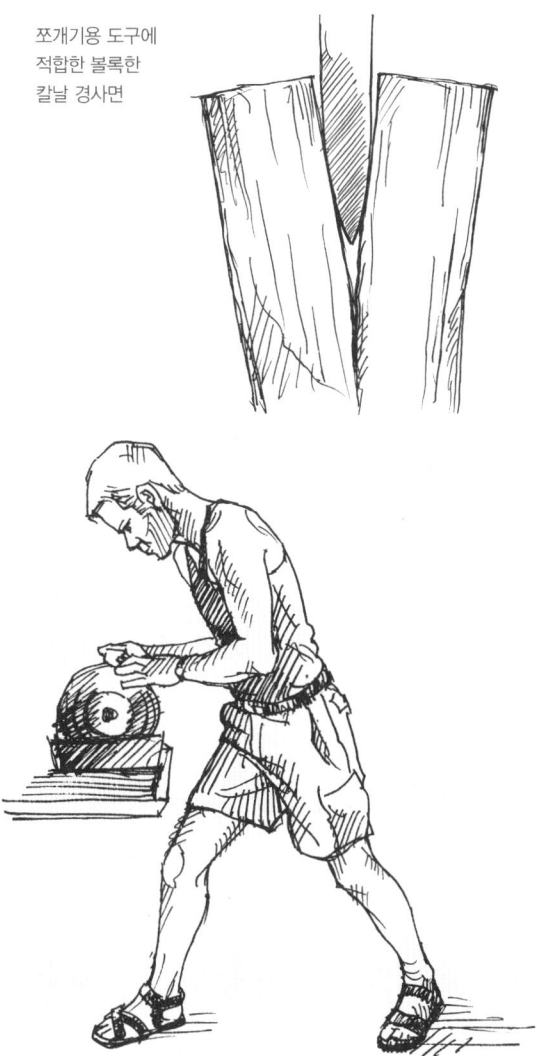

쪼개기용 도구에 적합한 볼록한 칼날 경사면

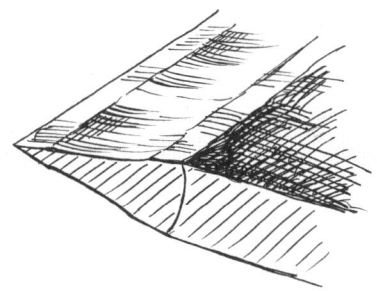

오목하게 연마된 칼날 경사면.
수직 습식 그라인더로 연마된 칼날 경사면은 오목하고, 호닝(Honing: 숫돌로 날의 표면을 정밀하게 다듬는 작업)된 칼날 모서리 면과 동일 선상의 맞은쪽 모서리 면은 서로 11자 대칭을 이루며 평평하다. 그리고 칼날 경사면의 폭은 칼날 양쪽이 모두 같고, 칼날 각도는 강철의 품질에 따라 22~27°이다.

헌팅 그라인드(Hunting grind) 오늘날 시중에 판매되는 칼 중 상당수가 칼날 모서리의 내구성을 높이기 위해 칼날 경사면에

전통적인 슬뢰이드 제작자들은 프리핸드로 칼날을 연마했다. 그들은 수많은 연습을 통해 칼날 경사면을 완벽히 갈 수 있었다. 이 프리핸드 기술을 익히면, 다양한 칼날 경사면을 가진 여러 가지 도구를 자유롭게 연마할 수 있다.

나는 수직 습식 그라인더의 숫돌이 칼날 모서리를 향해 회전할 때 날을 연마한다. 반대로 숫돌이 칼등을 향해 회전할 때도 연마할 수 있다. 이 방법은 좀 더 안전하긴 하지만 칼날 경사면의 각도를 제어하기가 어렵다.

칼날 경사면을 연마할 때는 한쪽 다리를 뒤로 빼고 안정된 자세를 취한 다음, 양쪽 팔꿈치를 몸에 붙인다. 숫돌 위에 칼을 올리고 좌우로 움직이며 칼날을 간다. 이때 연마하고 있는 칼날 경사면의 위치가 변경되지 않게 주의하고, 원하는 칼날 경사면이 생길 때까지 같은 각도를 유지한다.

콘벡스 베벨(Convex bevel) 나무를 쪼개기 위해서는 칼날 경사면이 평평하거나 오목한 것보다 볼록한 게 더 낫다. 볼록한 칼날 경사면은 나무를 자르는 대신 쪼개기 때문이다.

칼 각각의 칼날 경사면을 연마하기 위해서는 수직 습식 그라인더나 벤치 그라인더 또는 금속용 벨트 그라인더로 갈아야 한다. 건식 그라인더에서 칼을 갈 때 칼날은 종종 고속 회전하는 숫돌과의 마찰력으로 인해 아주 뜨거워지는데, 자칫 금속의 열처리 과정에서 생긴 경도를 잃을 위험이 있다. 특히, 벤치 그라인더와 벨트 그라인더를 사용하여 칼날을 연마할 때 주의한다.

전통적인 수직 그라인더에는 칼날을 연마하는 동안 발생하는 열을 식히는 물통이 달려 있으며, 연마할 때 칼날의 제어와 안정성을 높이기 위해 지그 서포트(Jig support)를 사용할 수도 있다.

나는 수직 습식 그라인더의 원형 숫돌이 칼날 모서리를 향해 회전할 때 연마하는 방법으로 훈련했다. 이 방법은 그라인더에 사용되는 물이 칼날 모서리를 타고 흐르는 것을 보면서 칼날 경사면의 각도를 조절할 수 있다. 원형 숫돌이 칼등을 향해 회전할 때 연마하는 방법은 칼날 모서리를 향해 회전하는 것보다 더 안전하긴 하지만 또 다른 기술이 필요하다.

칼날 경사면이 평평한 면에서 볼록한 면으로 바뀌거나 칼날이 손상되었을 때는 수직 그라인더로 연마해야 한다. 그 이전까지는 숫돌이나 가죽에 여러 번 날을 세워 사용할 수 있다. 칼날 연마를 잘하기 위한 최고의 방법은 꾸준한 연습뿐이라는 것을 명심하자.

손바닥이 위쪽을 향하게 칼을 쥐고 수직 습식 그라인더의 원형 숫돌 위에 칼날을 가볍게 올린다. 이때 칼 손잡이를 원형 숫돌의 옆면에 최대한 가까이 붙이고 원형 숫돌이 기존 칼날 경사면 중심에 접촉하도록 각도를 조정한다. 이제 오목한 새로운 칼날 경사면을 연마할 준비가 끝났다. 원형 숫돌 면에 칼날 경사면이 제대로 접촉하면 물은 칼날의 위쪽을 타고 흐른다. 그러면 칼을 아래쪽으로 살짝 누른 다음 양옆으로 움직이며 연마한다. 그리고 연마되는 부분이 칼끝에 가까워지면 기존 칼끝 각도에 맞춰 갈기 위해 몸을 살짝 틀어 칼 손잡이가 위로 들리게 한다. 이렇게 연마된 칼날의 끝부분은 좁고 둥근 곳을 깎는 데 유용하다.

버는 칼질을 했을 때 깨끗한 표면을 얻기 위해서 반드시 제거해야 한다. 칼날을 연마할 때 칼날 모서리 전체에 걸쳐 버가 생기게 하는 게 중요하다. 이것은 칼날 모서리의 양쪽 끝이 서로 교차했다는 증거이기 때문에 만약 칼날 모서리에 버가 생기지 않은 부분이 있다면, 그곳은 제대로 연마되지 않은 것이다. 그럴 때는 그곳에 버가 생길 때까지 다시 갈아야 한다.

더 안정된 자세로 연마하기 위해 손바닥이 위쪽을 향하게 칼을 잡는다. 칼을 쥐지 않은 손의 손가락 두세 개를 칼등에 댄다. 칼날 경사면이 원형 숫돌에 정확히 밀착됐는지 알아보려면 원형 숫돌과 칼날 경사면 사이에 그림자가 생기지 않았는지, 물이 칼날을 타고 넘어 균등하게 흐르는지를 확인한다.

칼날 경사면이 원형 숫돌에 잘 밀착된 상태를 유지하면서, 칼날 모서리에 생기는 물결이 안정될 때까지 칼날을 좌우로 움직이며 간다. 칼날 모서리 전체에 걸쳐 와이어 엣지(Wire Edge: 버와 비슷한 개념)나 버가 생겼을 때 비로소 연마가 완료된다.

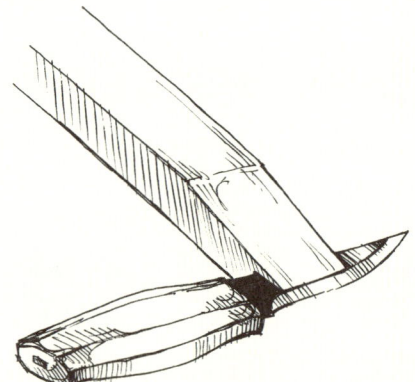

연마용 나무 막대기는 칼날 경사면을 많이 갈아 낼 때 도움이 되는 지그다. 길이는 35cm 정도이고, 칼등을 고정할 수 있는 홈이 있다. 한쪽 손을 사용해 나무 막대기를 잡고 원형 숫돌이 회전할 때 막대기가 뒤로 밀리지 않게 하기 위해 손을 가슴에 받친다. 그리고 다른 한 손은 손바닥이 위를 향하게 칼 손잡이를 잡고 팔을 옆구리에 밀착시킨다. 마지막으로 원형 숫돌 위에 칼날 경사면을 맞춘다.

도끼 슬뢰이드용 도끼는 폭이 다른 두 개의 날 경사면이 있다. 나무에 접하는 안쪽 날 경사면의 폭이 바깥쪽 날 경사면보다 넓어서 나무 표면을 더 쉽게 곧고 평평하게 깎을 수 있다.

이 안쪽 날 경사면의 폭은 15~20mm로 간다. 만약 도끼날의 각도가 30~35° 사이라면 날 모서리가 더 오랫동안 유지된다. 그리고 바깥쪽 날 경사면의 폭이 좁아지면 블랭크에서 잘린 도낏밥을 효과적으로 떼어 낼 수 있다.

도끼날 역시 칼을 연마할 때와 마찬가지로 원형 숫돌의 회전 방향이 날 쪽을 향하게 한다. 하지만 이 방법은 자칫 원형 숫돌 표면이 도끼날에 상할 수 있고, 손을 다칠 수도 있다. 연마 작업을 할 때 몸을 효과적으로 사용하는 것은 날 경사면을 안정적으로 제어하는 데 있어 중요한 요소이다. 만약 몸의 관절들을 고정하고 안정된 자세를 취한다면, 몸은 하나의 커다란 지그처럼 작동한다.

우선 팔꿈치를 몸에 밀착시키고 다리를 앞뒤로 크게 벌려 자세를 잡는다. 한 손을 부채처럼 쭉 펴서 엄지는 도끼 머리의 뒤쪽에 대고 나머지 네 개의 손가락은 날 근처에 올린다. 그리고 안정적인 작업을 위해 나머지 한 손은 도끼 손잡이의 중간 정도를 손바닥이 위쪽을 향하게 잡는다. 올바른 각도를 찾은 후, 날 경사면을 원형 숫돌에 대고 누르는 동시에 몸 전체를 그라인더 쪽으로 기울여 힘을 더한다. 이때 발생하는 원형 숫돌과 도끼날 사이의 마찰 진동은 손과 팔을 거쳐 발바닥까지 전달되어야 하고, 이것은 곧 몸 전체가 하나의 커다란 지그로 잘 작동하고 있다는 증거다.

도끼 역시 칼과 마찬가지로 날 경사면이 제대로 갈릴 때까지 원형 숫돌 면에 밀착한 후 좌우로 움직이며 간다. 만약 날 모서리가 부러졌거나 날 경사면이 볼록하다면 탁상 그라인더를 이용해 빠르게 날을 성형할 수 있다. 하지만 날이 타지 않게 수시로 물을 사용해 열을 식히는 것을 잊지 말자. 또한, 너무 성급하고 과격하게 날을 갈다 보면 날을 태우거나 원치 않는 변형이 생겨 결국에는 도끼날을 망칠 수도 있다.

드로 나이프 드로 나이프를 연마하는 방법은 도끼를 연마하는 것과 비슷하다. 우선 드로 나이프의 양쪽 손잡이를 단단히 잡고 양팔을 몸에 고정한 후, 날 경사면을 원형 숫돌 위에 밀착시킨다. 원형 숫돌 쪽으로 몸을 기울이고 날 경사면 전체가 정확하게 길릴 때까지 좌우로 움직인다. 드로 나이프는 종종 날의 한쪽 면만 연마하기도 한다. 그런 다음 숫돌과 연마제를 사용해 양쪽 면 모두 날 세우기를 한다. 드로 나이프를 연마할 때는 큰 원형 숫돌에 하는 것이 더 쉽다.

가우지 가우지를 연마할 때는 날 경사면을 따라 좌우로 부드럽고 균일하게 움직여야 한다. 나는 직선 형태의 가우지는 날 경사면을 오목하게 갈고, 구부러진 형태일 때는 볼록하게 간다. 구부러진 가우지를 사용해 나무를 오목하게 깎아 낼 때 가우지의 날 경사면을 볼록하게 연마하면, 곡선 구간에서 좀 더 수월하게 작동한다.

나는 토멕 습식 그라인더를 사용해 가우지를 간다. 이때 프리핸드 연마를 위해 그라인더의 기본 구성 품목 중 하나인 유니버설 서포트(Universal support)를 지지대로 이용한다. 토멕 습식 그라인더의 옵션에는 연마 작업을 위한 다양한 지그가 있다. 만약 프리핸드 연마가 어렵거나 힘들게 느껴진다면 이러한 지그를 사용해 좀 더 쉽고 정확하게 작업할 수 있다. 하지만 지그 의존도가 높아질수록 결국은 프리핸드로 연마하는 방법을 배우기가 더 어려워진다는 것을 기억하자.

호닝(Honing) 칼날 경사면의 연마가 끝나면 호닝과 폴리싱 (Polishing: 스트로핑과 같은 개념으로 날 세우기의 최종 마무리 단계)으로 칼날 모서리의 버를 반드시 제거해야 한다. 만약 버가 조금이라도 남아 있다면, 그 부분은 기능이 떨어진다.

버를 없애기 위해서는 기본적으로 거친, 보통 그리고 고운 입도의 세 가지 숫돌이 필요하다. 칼날 모서리에서 버를 제거하기 위해 양쪽 칼날 경사면을 번갈아가며 두세 번 간다.

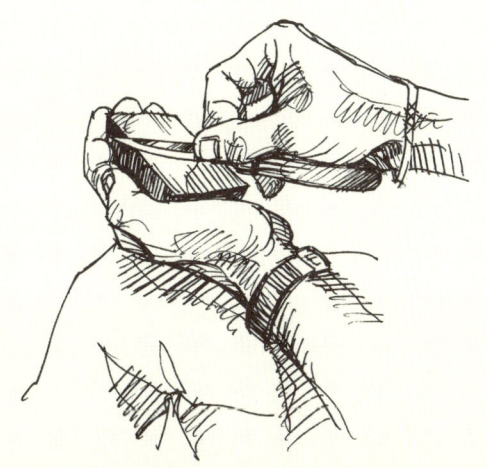

칼을 호닝할 때 엄지를 사용해서 칼날 경사면을 숫돌에 눌러 밀착시킨다. 칼을 각도에 맞춰 앞뒤로 움직이는 동안 칼날 경사면 전체가 숫돌에 밀착되도록 일정한 압력으로 누른다.

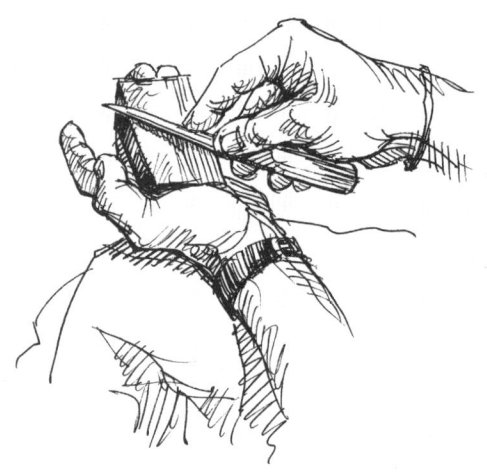

칼날을 뒤집는다. 이때 칼날에 압력을 주기 위해 엄지 대신 검지를 사용한다. 고운 숫돌을 사용하기 전에 각각의 칼날 경사면을 3~4회 반복해서 간다.

위에 대고 천천히 밀거나 당기면서 확인한다. 만약 매끄럽지 않은 느낌이 든다면 여전히 약간의 버가 남아 있는 것이다. 때로는 몇 번의 스트로핑만으로도 면도칼과 같은 날카로운 칼날을 다시 얻을 수 있다.

날 관리 처음으로 날 연마를 배울 때 이런 말을 하고 싶을 것이다. "만약 우드카빙이 재밌지 않다면, 날을 연마하는 일은 정말 고통스러울 거야."

나는 학생들에게 날 연마를 연습하기 위해 저렴한 칼날로 한 번에 15분씩, 한 달 동안 매일 연습하라고 말한다. 날을 제대로 연마하기 위해서는 그만큼 시간이 오래 걸리므로 날이 상하지 않게 철저히 관리해야 한다! 날을 보호하지 않은 상태로 도구 상자에 두지 말고, 초핑 블록 윗면에 절대로 신발을 올리거나 발로 밟지 말아야 한다.

칼과는 달리 도끼나 가우지를 호닝할 때는 움직이지 않게 작업대나 클램프에 고정한 후 숫돌을 칼날 경사면에 대고 원을 그리며 간다. 이 방법은 도끼나 가우지를 직접 움직여서 연마하는 것보다 더 쉽다. 그리고 윤활제로 물을 사용한다.

도끼날을 호닝하는 방법은 다음과 같다. 한 손으로 도끼 머리의 뒤쪽 부분을 잡고 도끼날이 작업자를 향하게 한다. 날 경사면의 뒤쪽 부분을 숫돌에 먼저 접촉시킨 후 날 모서리에 닿을 때까지 기울인다. 이렇게 하면 숫돌에 날 경사면이 정확히 밀착되는 것을 확인할 수 있다. 이제 버가 사라질 때까지 안정된 자세로 원을 그리며 날 경사면을 연마한다. 이때 날 모서리와 숫돌 사이에서 물이 흘러나오면 밀착이 잘된 것이다. 그리고 날 모서리가 반대편 방향으로 둥글어져 연마되지 않도록 주의한다.

연마 시 발생하는 찌꺼기는 물로 자주 헹구고, 작업이 끝나면 숫돌을 잘 말린다.

스트로핑(Stropping) 미세하게 남아 있는 버의 잔여물을 없애기 위해 스트로핑 페이스트(Stropping Paste)와 같은 금속용 연마제를 사용한다. 스트롭(Strop: 스트로핑을 하기 위한 도구로 주로 가죽을 나무판에 붙여 사용한다.)을 쉽게 만드는 방법 중 하나는 길고 평평한 나무판을 이용하는 것이다.

먼저 나무 표면에 연마제를 얇게 펴 바른다. 그리고 칼날 경사면을 나무 표면에 잘 밀착한 상태로 양쪽 면을 번갈아가며 수차례 반복해 연마한다. 이때 칼날 모서리는 반드시 칼등 쪽으로 움직여야 한다.

버가 제대로 제거됐는지 확인하기 위해 칼날 모서리를 손톱

칠하기와 마감하기

안료

나는 나무에 칠을 할 때 주로 유화 물감을 사용한다. 내가 영감을 얻은 18~19세기에 만들어진 전통적인 나무 제품들은 대부분 유화 물감으로 칠해졌기 때문이다. 하지만 목공 작업자들은 매우 제한된 범위의 안료를 사용했다. 일부 안료들은 수천 년 동안 사용되었으며, 토양, 광물 및 식물의 재료로 만들어졌다.

어두운 갈색에서 노랑, 빨강까지 미묘한 차이가 있는 엄버(Umber: 암갈색 안료)와 오커(Ochre: 황토색 안료)가 있다. 그리고 흰 종류의 흙들과 석회암은 우리에게 하얀색을 주었고, 그을음은 검은색을 주었다. 레드 씨너바(Red cinnabar: 주홍색), 그린 어스(Green earth: 녹색), 미네랄 그린(Mineral green: 연두녹색), 라피스 라줄리(Lapis lazuli: 선명한 청색), 울트라마린(Untramarine: 군청색)은 광물에서 얻고, 반다이크 브라운(Vandyke brawn: 진한 갈색), 매더 레이크(Madder lake: 짙은 적자색), 인디고(Indigo: 남색), 사프란(Saffron: 짙은 황색), 갬보우지(Gamboge: 치자색), 드래곤스 블러드(Dragon's blood: 짙은 적색)는 식물에서 얻었다.

인디언 옐로(Indian yellow: 오렌지색)는 소의 소변에서, 퍼플(Purple: 보라색)은 뿔소라의 껍질에서 그리고 잉크(Ink: 검정색)는 낙지와 오징어의 먹물에서 채취했다.

화이트 리드(White lead, 백색), 레드 리드(Red lead, 적색) 그리고 구리에서 생기는 버디그리스(Verdigris: 녹청색)는 오래전에 생산되었다. 크롬 옐로(Chrome yellow: 선명한 황색), 코발트 그린

(Cobalt green: 밝고 선명한 녹색) 그리고 프러시안 블루(Prussian blue: 감청색)는 18세기에 나타났다.

19세기에는 카드뮴 옐로(Cadmium yellow: 담황색), 크롬 옥사이드 그린(Chrome oxide green: 밝은 녹색), 코발트 블루(Cobalt blue: 청색), 합성 울트라 마린(Synthetic ultramarine: 군청색) 등의 많은 색이 개발됐다. 모든 안료는 투명도, 흡유량 그리고 건조 시간 등의 특성이 각기 다르므로 사용 전 이러한 것들을 반드시 고려해야 한다.

나무 표면에 붓질이 잘 되게 하기 위해서는 물감의 점도가 떠먹는 요거트와 비슷해질 때까지 소량의 보일드 린시드 오일을 전문가용 유화 물감에 조금씩 섞는다.

린시드 오일

린시드 오일은 아마 재배의 부산물이다. 씨앗에서 기름을 추출하고 나머지는 동물 사료로 사용된다. 린시드 오일이 산화되고 일단 완전히 마르면, 나무의 표면을 보호하는 단단하고 튼튼한 피막이 형성된다.

이런 특성은 오일이 안료와 혼합됐을 때 더욱 유용해진다. 나는 안료에 보일드 린시드 오일을 섞어 사용한다. 이렇게 하면 일반적으로 로 린시드 오일보다 빨리 건조되기 때문인데 보통 실온에서 1~3일 정도 지나면 마른다. 나는 산화물이나 중금속과 같은 유독성 건조 촉진제를 함유한 제품은 사용하지 않는다.

칠을 하지 않은 나무 표면을 마감할 때는 저온 압축으로 추출하고 태양 빛을 투과시켜 산화시킨 로 린시드 오일을 사용한다. 로 린시드 오일은 나무 속으로 더 쉽게 침투하고, 보일드 린시드 오일만큼 노랗지 않다. 보통 나무 표면의 오일이 건조되는 기간이 일주일 정도인 데 반해, 나무 속으로 침투한 오일이 완전히 산화돼서 마르는 데는 최대 8주까지 걸린다.

린시드 오일이 묻은 천이나 종이는 제대로 처리해야 한다. 스웨덴에서는 이것을 태우거나 물에 담근 후 비닐봉지에 넣어 묶는다. 린시드 오일은 산화되는 과정에서 열을 발생시키고 이로 인해 오일 묻은 천이나 종이가 자연 발화할 수 있기 때문이다.

린시드 오일 섞어 칠하기

안료와 바인더를 섞어 유화 물감을 만들 때는 안료가 뭉쳐서 덩어리지지 않도록 정성 들여 혼합해야 한다. 역사적으로 안료는 린시드 오일과 섞어서 평평한 돌이나 유리로 된 분쇄기 또는 막자사발에 갈아서 사용했다. 오늘날 시중에 판매되고 있는 이런 튜브 타입의 전문가용 유화 물감은 안료의 흡유량에 비례한 린시드 오일을 혼합한 뒤, 롤러 사이에 넣고 고압으로 빻아 만든다. 이렇게 만들어진 물감은 사용자의 시간을 절약하고 실용적이며, 안료의 입자가 매우 고와서 바인더와 잘 섞인다.

이런 튜브 타입의 유화 물감에 떠먹는 요거트와 비슷한 점도가 될 때까지 보일드 린시드 오일을 섞는다. 이러한 점도의 물감은 초벌칠 없이도 나무에 쉽게 발리니 여러 번 붓질해서 물감을 얇고 고르게 칠한다.

보일드 린시드 오일을 유화 물감에 섞을 때는 그 양을 조금씩 첨가해야 하는데, 물감에 포함된 안료마다 흡유량이 다르기 때문이다. 대상물에 칠하기 전, 같은 종류의 나무토막에 먼저 테스트해 본다. 칠을 해 보면 알겠지만, 비교적 적은 양의 물감으로도 나무 표면을 잘 덮을 수 있다. 칠은 1~3일간 건조됐을 때 곱고 부드러운 광택을 내야 한다.

물감에 너무 많은 양의 오일을 섞으면 안료가 나무 표면에 고르게 분포되지 않고, 건조됐을 때 광택이 많아진다. 반대로 너무 적은 양의 오일을 섞으면, 물감을 펴 바르기가 어렵고 건조 후 광택이 없으며, 칠의 강도가 낮아져 표면을 보호하는 성능이 떨어진다. 만약 넓은 면을 칠하거나 건조 후 광택이 나는 표면을 원한다면, 여러 번에 나눠 얇게 칠하고 칠과 칠 사이에 건조 시간을 충분히 둔다.

칠이 건조되는 시간은 안료마다 다르며, 주로 흙색(Earth color) 계열의 안료는 일반석으로 빨리 마른다. 예를 들어, 티타늄 화이트(Titanium white) 또는 본 블랙(Bone black)에 약간의 로 엄버(Raw umber)를 추가하면 건조 시간을 단축할 수 있다. 또한, 건조 촉진제를 몇 방울 사용해서 건조 시간을 줄일 수도 있지만, 이것은 유독성이며 칠의 강도를 약하게 만든다.

칠은 안료와 바인더(Binder: 결합제)의 두 가지 요소로 구성된다. 안료는 색깔을 낸다. 바인더는 안료를 나무 표면에 고정시켜 내구성을 높이고 광택을 내며 색상을 또렷하게 만든다. 각각의 조합은 독특한 색조, 불투명도 및 다양한 건조 특성을 가진다.

안료는 각기 다른 불투명도를 가지고 있다. 예를 들어, 칠의 은폐력(바탕색을 은폐시키는 능력)을 높이기 위해 종종 징크 화이트(Zinc white)에 티타늄 화이트를 혼합해서 사용하는데, 이렇게 하면 건조 시간도 단축된다. 이렇게 만들어진 색을 '혼합된 흰색(Mixed white)'이라고 한다.

물감의 점도를 조절할 때는 테레핀(Turpentine: 테레빈유라고도 한다.)을 사용한다. 테레핀은 붓질을 좀 더 쉽게 하고 물감을 얇게 칠할 수 있게 돕는다. 그리고 이렇게 얇게 칠해진 물감은 좀 더 빨리 건조된다.

피펫(Pipette: 소량의 액체를 옮기는 데 쓰는 작은 관)을 이용해 물감에 테레핀을 떨어뜨려 섞는다. 너무 많은 양의 테레핀은 린시드 오일의 결착성에 해를 끼친다. 또한, 인체에 유해하기 때문에 환기가 잘 되는 곳에서만 사용해야 한다. 칠을 테스트할 때는 항상 작업 재료와 같은 종류의 나무나 표면에 한다. 그리고 이러한 테스트 샘플을 통해 칠의 건조 시간에 대한 정보도 얻을 수 있다. 색상의 선택은 항상 채도의 높고 낮음, 흑색의 함유량, 백색의 함유량, 색의 선명도 및 투명도 사이의 미묘한 균형이다.

칠을 얇고 고르게 하는 가장 좋은 방법은 먼저 나뭇결의 직각 방향으로 칠을 한 다음, 다시 나뭇결 방향으로 칠하는 것이다. 합성 붓은 표면을 매끄럽고 균일하게 칠해 준다.

로절린드 커스버트(Rosalind Cuthbert)가 저술한 《The Oil Painter's Pocket Palette(North Light)》에는 원하는 색상이나 색채를 얻을 수 있도록 도와주는 색상 혼합 차트가 있다.

물감을 섞거나 사용한 후 보관할 때, 작고 밀폐된 공간으로 나누어진 에어타이트 콘테이너(Air-Tight Container)를 이용하면 물감이 마르지 않은 상태로 몇 달간 사용할 수 있다. 나무를 칠하기 전에 표면의 불순물을 제거하는 것을 잊지 말자.

기타 바인더의 사용법

역사적으로 흥미롭고 다양한 페인팅 기법과 바인더가 있다.

에그 템페라(Egg tempera: 계란으로 만든 바인더), 가죽 아교(Hide glue), 왁스 또는 카세인(Casein: 우유에 포함된 단백질)과 같은 다양한 전통적인 바인더를 건조된 안료와 섞어 사용해 보자. 이들 각각의 바인더는 동일한 안료와 섞이더라도 다양한 작업 특성과 색상을 가진 각기 다른 성질의 칠을 만든다.

에그 템페라는 만들기 쉽고 내구성이 좋은 바인더다. 만드는 방법은 우선 달걀 흰자와 노른자를 함께 섞은 후 보일드 린시드 오일과 물을 섞어 사용하는데 그 비율은 보통 1:1:10이다. 먼저 달걀과 린시드 오일을 섞은 다음, 마지막으로 물을 조금씩 넣어 주며 세 가지가 잘 섞이게 충분히 저어 준다. 만약 좀 더 두툼하고 기름진 칠을 원한다면 달걀 노른자만 넣고 같은 방법으로 만든다. 이렇게 만들어진 에그 템페라는 냉장고에서 몇 달간 보관할 수 있다.

막자사발 속에 안료와 에그 템페라를 넣은 후 끈적한 반죽이 될 때까지 간다. 만일 칠을 더 얇게 하고 싶다면 에그 템페라를 더 많이 섞는다. 에그 템페라를 많이 사용할수록 은은하고 보드라운 윤기를 만들어 낸다. 단점으로는 건조 시간이 길다는 것인데 칠이 완전히 마르기까지 최대 일 년이 걸린다. 또한, 칠이 나무 속으로 빨리 흡수되기 때문에 붓으로 칠을 펴 바르는 시간이 그만큼 짧아진다. 이런 점을 보완하기 위해 먼저 에그 템페라만 얇게 초벌칠을 한 후 그 위에 칠을 한다.

기본 색상 세트
회 색 : Payne's grey
파란색 : Ultramarine
녹 색 : Oxide of chromium, Terre verte, Sap green, Viridian
갈 색 : Raw umber, Burnt umber, Burnt terra de siena, Raw terra de siena, Caput mortuum
노란색 : Yellow ochre, Cadmium yellow
빨간색 : Cadmium red, Madder lake, Iron oxide red, Caput mortuum
흑 색 : Bone black, Black iron oxide
흰 색 : Zinc white, Titanium white

"
색과 색조 사이의
겸손하면서도
절묘한 충돌은
진실하고 지속적인
만족을 선물한다.
"

토그니 린드그렌Torgny Lindgren의
《줄무늬 잎에 맺힌 물방울In Streaky Leaf's Water》 중에서

정교한 십자 장식, 베스테르보텐 박물관

슬뢰이드 2

more slöjd

스놉 스틱과 커튼 봉

스놉snob: 속물, 잘난 체하는 사람 **스틱**은 껍질을 나선 모양으로 벗겨 낸 손잡이가 달린 긴 갯버들또는 버드나무 막대기다. 이 아이디어는 스웨덴 카스훼Kassjö 지역의 목공예가인 벵트 리드스트룀Bengt Lidström에게서 시작됐다. 그는 어린 시절, 지역 신문의 어느 남성복 광고에서 한 남자가 손잡이가 달린 막대기를 쥐고 과시하듯 거만하게 마을을 걷고 있는 장면을 본 후, 그 모습을 흉내 내며 행동했다. 스놉 스틱Snob stick은 정원의 테두리나 꽃 상자 또는 화분 속 꽃들을 쓰러지지 않게 잡아 주고, 미관상으로도 멋진 소품 역할을 한다. 때로는 지팡이로도 사용할 수 있다.

커튼 봉Curtain Rod은 어리고 곧게 자란 자작나무로 만들며, 양쪽 끝 손잡이에는 중간 봉이 끼워질 장붓구멍이 있다. 그리고 커튼 봉은 굽은 자작나무로 만든 브래킷에 걸 수 있다.

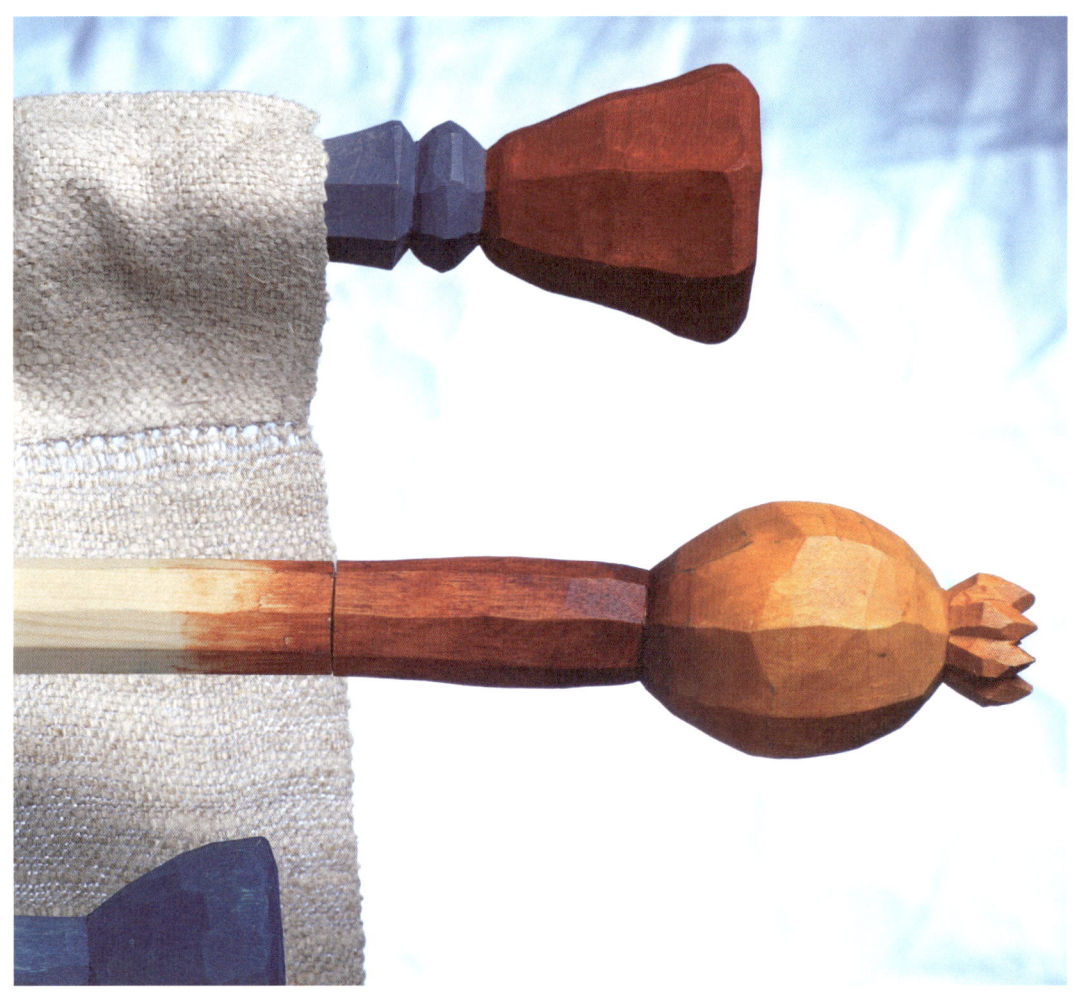

도구 칼, 수동 드릴, 오거 비트, 드로 나이프, 나무망치, 스포크 셰이브

재료 스놉 스틱과 커튼 봉의 손잡이는 마른 자작나무 블랭크로, 커튼 봉의 몸체는 두께 25~35mm의 마르고 곧은 자작나무로 준비한다.

스놉 스틱의 몸체는 지름이 15mm 정도의 어린나무나 큰 나무의 가지를 사용하는데 자작나무, 버드나무 또는 개암나무 등이 있다.

스놉 스틱

스틱 먼저 스틱부터 만들기 시작한다. 스틱 재료는 나무껍질이 잘 벗겨지는 초여름에 선별한다. 선별한 나무를 무릎 위에 올리고 껍질에 나선형으로 칼집을 낸다. 이때 칼의 각도를 재료와 비스듬한 상태로 두고 칼을 단단히 고정한 후 나무만 제자리에서 안쪽 방향으로 돌린다. 이 상태로 나무 표면 전체에 칼집을 낼 때까지 회전시키며(아래 그림 참조) 나선형과 나선형 사이의 간격은 약 25mm를 유지한다. 이렇게 전체 면에 나선형으로 칼집을 낸 다음, 다시 나선형과 나선형 사이의 중간 지점에 첫 번째와 같은 방식으로 두 번째 칼집을 낸다. 이제 두 개로 분리된 나무껍질 중 한쪽을 조심스럽게 벗기면 나머지 한쪽은 나무에 남아 있다.

작업이 끝난 스틱 재료는 며칠간 말린 후 끝단에 길이 20mm, 직경 12mm의 손잡이용 장부를 만든다.

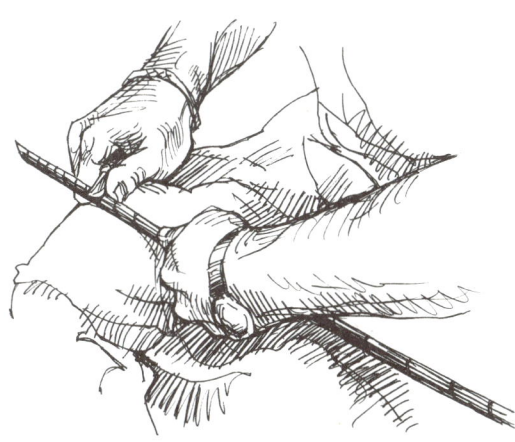

손잡이 완성될 손잡이와 동일한 직경으로 블랭크를 사각형으로 쪼갠다. 그리고 블랭크의 길이는 완성될 손잡이 길이의 두 배 정도로 자르는데 전체 길이는 15cm 정도가 적당하다. 이렇게 한 번에 두 개의 손잡이를 만들면 한쪽 손잡이를 깎을 때 나머지 부분을 손이나 셰이빙 홀스로 고정할 수 있어서 좀 더 쉽고 효율적으로 작업할 수 있다. 만일 치수와 디자인이 동일한 두 개의 손잡이를 만들고 싶다면 이 시점에서 변경하면 된다. 셰이빙 홀스나 작은 도끼 또는 칼을 사용해 블랭크를 매끄럽게 다듬고 블랭크 끝 단면의 모양이 정사각형이 되도록 각 면을 균일하게 깎는다. 블랭크 끝 단면을 포함한 모든 면에 중심선을 그리고 그 선들의 각도가 90°인지 확인한다.

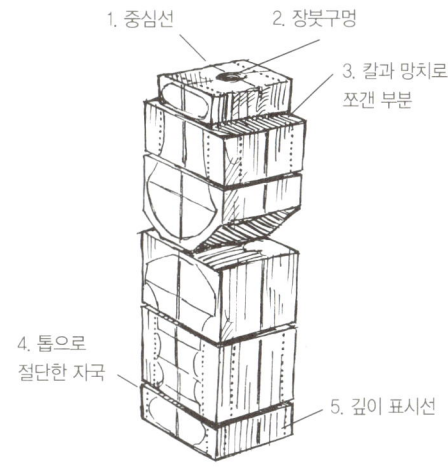

1. 중심선 2. 장붓구멍
3. 칼과 망치로 쪼갠 부분
4. 톱으로 절단한 자국
5. 깊이 표시선

두 개의 손잡이를 위한 블랭크 쪼개기와 톱질하기

두 개의 손잡이를 만들 때, 스틱 끝에 만든 장부와 동일한 직경의 오거 비트를 사용해 블랭크의 각 끝 단면에 장붓구멍을 만든다. 이때 미리 그어 놓은 중심선을 지침 삼아 드릴링 한다. 그다음 블랭크 끝 단면을 제외한 모든 면에 만들고자 하는 형태를 그려 넣는다. 그리고 이 형태의 외곽선에 맞춰 우선 깊이를 나타내는 선을 그린 다음 그 선까지 톱질한다.

자작나무로 만든 스놉 스틱 손잡이의 섬세한 디자인

톱질이 끝나면 칼과 나무망치로 쪼갤 부분의 작업 순서를 체계적으로 계획한다. 이때 가능한 한 많은 양의 나무를 쪼개야만 칼로 깎는 과정이 수월해진다. 예를 들어, 첫 번째 쪼개짐 후에 생긴 블랭크의 옆면에 더 많은 톱질을 하면, 최종 형태에 더 가까운 모양으로 쪼갤 수 있다.

블랭크 끝 단면을 정사각형 모양으로 하는 기본적인 건목 작업을 마쳤으면 이제 팔각형으로 만든다. 마지막으로 칼을 사용해 손잡이의 형태를 팔각형이나 둥근 모양의 매끄럽고 부드러운 형태로 깎는다. 형태를 잡는 데 필요한 나이프 그립은 36, 37p의 손잡이와 걸쇠 장을 참고하자.

커튼 봉과 브래킷

커튼 봉의 양쪽 끝에 달리는 손잡이를 만드는 방법은 스놉 스틱 손잡이를 만드는 방식과 같다. 커튼 봉의 몸체는 곧은결의 자작나무, 마가목 또는 개암나무를 사용한다. 몸체의 형태는 팔각형이나 원형으로 깎고 강도 향상과 커튼 무게에 의한 처짐을 방지하기 위해 중간 부분을 조금 더 두껍게 만드는 것도 좋은 방법이다. 숲속의 간벌되거나 부러진 나무 등에서 브래킷에 적합한 재료를 찾아보자. 행어와 같은 방법으로 커튼 봉의 브래킷을 만든 후
다양한 문양과 칠로
마무리한다.

커튼 봉을 위한 브래킷.
커튼 봉이 잘 안착하도록 나뭇가지가
위쪽으로 향하기 시작하는 부분이
몸체와 90° 각도인 것을 선택한다.

자작나무로 만든 커튼 봉의 장식용 손잡이들.
자작나무와 갯버들로 만든 스놉 스틱과 플라워 스틱(Flower stick)들.
자작나무 몸통과 가지로 만든 커튼 봉과 브래킷

나무 그릇과 함지박

오래전 가정들은 자급자족을 하며 온갖 종류의 생활용품을 만들었다. 생활용품에는 제빵, 음식 준비, 우유 생산 및 발효 음료를 위한 많은 종류의 깎아 만든 나무 그릇Bowl과 함지박Trough이 있었다. 그것들은 생목의 몸통 부분을 잘라 만들었다. 원하는 길이로 몸통을 자른 후 길이 방향으로 반을 나눈다. 그런 다음 심재 쪽부터 속을 파낸다. 이러한 용기들은 습기에 많이 노출되므로 강도와 내구성을 고려한 형태여야 한다. 함지박 양쪽 끝의 벽 두께는 측면의 벽 두께보다 세 배는 두꺼워야 하고 손잡이는 양쪽 끝에 만든다.

   나는 아름다운 새 모양의 나무 그릇을 만든 전설적인 목공예가인 벵트 리드스트룀에게서 함지박 만드는 새로운 방법을 배웠다. 그는 나무의 심재 면이 위쪽을 향하게 만들기도 했고, 껍질 면이 위쪽을 향하게도 만들었다. 이 두 가지 방법 모두를 이번 장에서 설명한다.

도구 초핑 블록, 프로우, 쪼개기용 나무망치, 도끼, 셰이빙 홀스, 드로 나이프, 홈파기용 자귀, 작업대, 스크럽 플레인, 스포크셰이브, 일본 톱, 칼, 롱 벤트 가우지(No.8/35mm), 스푼 가우지(No.9/13mm), 자, 연필, 접자, 스크류 클램프(Screw clamp), 칩 카빙 나이프, 붓

재료 사시나무, 오리나무 또는 자작나무와 같은 곧은결의 옹이가 없는 낙엽수, 목공 접착제, 로 린시드 오일, 전문가용 유화 물감

블랭크 준비하기

블랭크는 곧은결의 옹이가 없는 것을 선택한다. 실제 만들려는 길이보다 약 10cm 길게 자른다. 이제 막 잘려 쓰러진 나무의 끝 단면은 항상 수심부터 금이 가기 시작한다. 그래서 프로우를 사용해 블랭크를 반으로 쪼갤 때는 항상 금이 간 방향대로 쪼갠다. 이렇게 쪼갠 반쪽 블랭크는 수심 주변에 있는 미성숙재를 제거하기 위해서 도끼로 약 1cm 두께만큼 깎는다.

   도끼질하는 동안 작업 면이 평평한지 점검하기 위해 중간에 블랭크의 끝 단면에서 작업 면 쪽을 바라보며 수평을 확인한다.

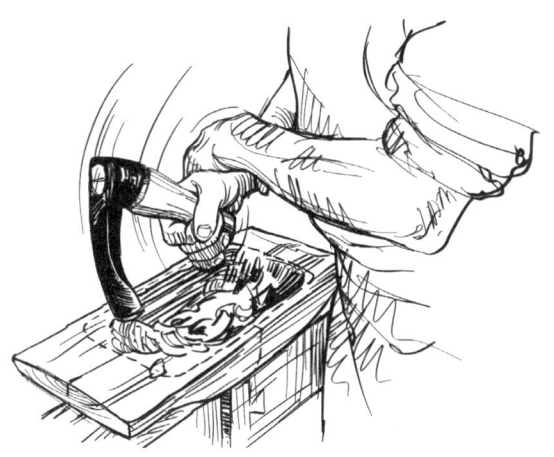

자귀로 심재 부분을 파낸다. 블랭크를 작업대에 단단히 고정한 후 안정된 자세로 작업하는 것은 굉장히 중요하다. 블랭크의 윗면과 양쪽 옆면에 그어진 중심선을 주시하며 작업한다.

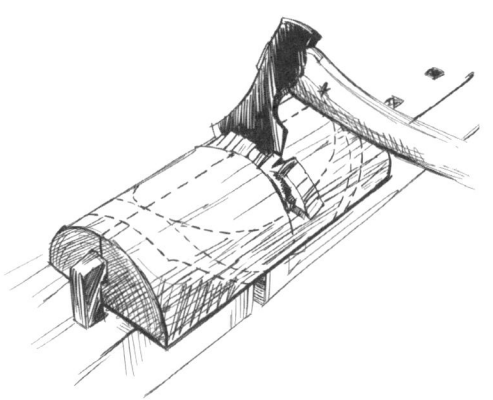

껍질 쪽부터 파내기 위해 깎을 곳을 표시한 함지박 블랭크. 블랭크의 가장 바깥쪽은 자귀로 속을 파내기 전에 도끼로 대략의 건목을 친다.

만약 블랭크의 껍질 쪽에서 속을 파낸다면 심재 면을 더 평평하게 만들어서 블랭크가 작업대에 안정적으로 고정되게 한다. 작업대에서 대패를 사용하거나 셰이빙 홀스에서 드로 나이프를 사용해 작업할 수 있다. 우선 드로 나이프로 껍질을 제거하고 블랭크 면에 중심선을 그린다. 그런 다음 이 중심선을 사방으로 연장하고 중심선을 기준으로 함지박 모양을 그린다.

작업대에 블랭크를 고정할 때는 실제 원하는 최종 마감 길이보다 2~3cm 정도 길게 잘라야 한다. 블랭크 속을 파낼 때는 많은 힘을 사용하므로 블랭크가 움직이지 않게 작업대에 단단히 고정하는 것이 중요하다. 이제 자귀를 사용해 고정한 블랭크의 속을 파낸다.

이때 껍질 면의 불필요한 부분을 좀 더 빠르게 제거하기 위해 자귀 대신 날이 얇고 양쪽의 날 경사면이 동일한 도끼를 사용해 먼저 건목을 친다. 또한, 불필요한 부분을 좀 더 쉽게 제거할 수 있도록 활톱을 사용해 여러 부분을 톱질한 후 도끼질을 한다.

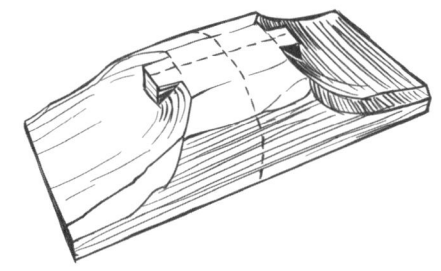

블랭크를 작업대에 고정해 표면을 보다 안정적으로, 그리고 깨끗하게 깎기 위해 블랭크 바깥 면 양쪽 바닥에 임시로 사용할 수 있는 턱을 만든다. 이 턱은 블랭크의 안쪽과 바깥쪽 다듬기를 끝낸 후 잘라 낸다.

속 파내기

홈파기용 자귀를 이용해 블랭크 속을 파낸다. 바깥쪽에 날 경사면이 있는 자귀는 짧은 손잡이와 함께 사용하면 자귀질을 할 때 호를 그린다. 팔꿈치를 옆구리에 고정한 후 자귀질의 제어와 정확도를 높이기 위해 나머지 한 손은 자귀를 쥐고 있는 손의 손목을 잡는다. 자귀 날이 나무 표면을 깊게 파낼 수 있게 자귀 손잡이의 가장 끝부분을 잡고 블랭크에 힘껏 내려찍는다. 속 파내기 작업은 블랭크의 중앙부터 시작해 점점 바깥쪽으로 이동한다.

껍질 쪽 불필요한 부분을 도끼로 깎을 때와 마찬가지로 이제는 자귀질의 방향을 바꾸어 반대 방향에서 파낸다. 이때 만약 반대 방향에서 자귀질이 어렵다면 블랭크의 방향을 바꿔 다시 고정한 후 작업한다. 깎는 형태에 맞춰 자귀질 각도를 바꾸기 위해 팔뿐만 아니라 몸 전체를 움직인다. 또한, 블랭크의 중앙 부분을 파내기 시작할 때 도끼나 자귀 대신 조각용 나무망치와 롱 벤트 가우지(No.8/35mm)를 사용할 수 있다. 이때 나무 섬유질을 가로질러 깎는 것이 가장 쉽다. 하지만 이렇게 섬유질을 가로질러 깎으면, 섬유질 방향으로 깎았을 때처럼 면이 매끄럽고 부드럽지 않다.

나무망치 없이 가우지만으로 속 파기 작업을 할 때는 힘과 깊이 조절을 위해 왼손(오른손잡이일 경우)을 가우지의 날 모서리 가까이 잡는다. 그리고 블랭크에 대고 누를 때 왼쪽 손목을 블랭크 위쪽 테두리 면에 걸쳐 브레이크로 사용한다.

오른손은 가우지의 손잡이 끝을 잡고 가슴에 지지한 후, 깎을 부위에 날 끝을 대고 몸을 기울이면서 앞으로 민다. 이때 길고 균일하게 가우지가 앞으로 나아가기 위해 일정한 압력으로

누른다. 이 기술은 나무 섬유질이 서로 교차하는 블랭크 안쪽 바닥 부분을 깎을 때 유용하며, 왼손은 속도와 깊이를 조절한다. 폭이 좁은 블랭크의 끝부분은 나무가 두껍고 손잡이를 위한 여유 공간을 두어 섬유질이 더 길게 연장돼 있다. 이러한 형태는 손잡이 부분을 더 강하게 만든다.

블랭크의 윗면을 따라 테두리를 매끄럽게 다듬고 내부 형태를 좀 더 상세히 보기 위해 윤곽선을 다시 한번 그린다. 이제 블랭크 윗면에 가로 방향으로 직선 자를 올리고 또 다른 직선 자를 이용해 블랭크 양쪽 면의 높이를 확인한다. 만약 높이가 다를 경우 낮은 쪽에 맞춰 높은 쪽을 수정한다. 그리고 블랭크의 바닥 두께를 측정하기 위해서는 블랭크에 올려 놓은 직선 자를 기준으로 바깥쪽 측면 높이와 안쪽 바닥 면까지의 깊이를 잰 후 그 차이를 계산한다. 안쪽 바닥 면의 깊이를 잴 때는 여러 곳을 측정한다. 나무 섬유질은 건조된 후에 약간 부풀어 오른다. 그러니 매끄러운 표면 마감을 위해서는 건조된 상태에서 다시 한번 깎는다.

40cm 길이의 함지박을 만들 때는 양쪽 측면과 바닥 면은 8mm, 양쪽 끝 벽면은 약 20mm 두께로 마감하는 것이 좋다. 만약 엇결 부위에서 지속적인 뜯김이나 찢어짐이 발생한다면 섬유질 방향에서 90° 각도로 주의 깊게 깎는다.

외부 다듬기

블랭크의 내부 테두리 모양과 1차 속 파내기 작업이 잘 끝났다면 외부 다듬기를 시작한다.

나는 블랭크의 건조된 표면을 더욱 매끄럽게 하기 위해 2차 가공을 하지만, 그래도 가능한 한 1차 가공에서 내부를 매끄럽게 다듬으려고 노력한다. 먼저 바닥 모양을 결정할 수 있도록 중심선 표시를 바깥쪽으로 연장해서 그린다. 그런 다음, 손가락들을 사용해 블랭크의 안쪽과 바깥쪽을 만져 보면서 바깥쪽의 어느 부분이 내부 바닥면과 경계인지를 확인한다. 대강의 위치를 확인했으면, 외부 측면과 외부 바닥 면이 만나는 곳에 어느 정도 깎을지에 대한 가이드라인을 그린다.

이제 블랭크를 초핑 블록 위에 올리고 도끼로 외부를 깎는다. 우선 양쪽 끝 손잡이 쪽으로 갈수록 점점 좁게 만들고, 양쪽 외부 측면은 내부 경사도에 맞춰 비스듬히 깎는다. 블랭크의 곡선을 따라 줄맞춰 균일한 각도로 도끼질한다. 만약 시선 아래 일직선상에서 도끼질을 한다면 깎고 있는 블랭크의 형태를 보기가 더 쉬울 것이다.

블랭크를 셰이빙 홀스에 고정시키고 드로 나이프를 사용해 바깥 면을 매끄럽게 다듬는다. 하지만 가끔은 블랭크 형태에 따라서 셰이빙 홀스에 전체를 고정해 작업하기 어려울 때가 있다.

이럴 때는 블랭크 한쪽 끝을 가슴에 대고 셰이빙 홀스에 밀어 붙인 상태로 드로 나이프를 비스듬히 기울여 당겨 깎는다. 이럴 때 보다 나은 힘 조절과 안전한 작업을 위해 양쪽 팔꿈치를 허벅지에 대고 드로 나이프를 당긴다. 만약 셰이빙 홀스의 경사판 끝 모서리에 턱이 있다면, 그곳에 블랭크의 한쪽 끝을 걸친 후 드로 나이프를 밀어 깎을 수도 있다.

블랭크가 점점 함지박 형태로 바뀌는 동안 엄지와 검지를 사용해 수시로 부위별 두께를 확인한다. 바깥 면을 마무리하고 스포크셰이브를 이용해 안쪽 테두리를 비스듬히 깎는다.

블랭크가 건조된 후 최종 마무리 깎기와 함께 매끄러운 표면 마감을 위해서는 블랭크 끝 단면을 약간 길게 남겨 두는 것이 좋다. 이렇게 하면 블랭크를 뒤집은 상태로 바깥 면을 다듬을 때 클램프를 사용해 양쪽 끝을 작업대에 물어 고정하기가 수월

하기 때문이다.

반대로 블랭크를 바로세운 상태로 작업할 때 가장 아래쪽 바닥 부분을 고정시키면 좀 더 안정적으로 작업할 수 있다. 이러한 방법을 위해 블랭크 외부 바닥 양쪽에 벤치 독(Bench dog: 작업물을 고정할 때 작업대 상판 구멍에 끼워 쓰는 도구)을 사용해서 고정할 수 있는 넉넉한 크기의 임시 고정용 턱을 만든다. 그리고 블랭크의 형태가 마무리되면 이 임시 고정용 턱은 잘라 낸다.

또 다른 방법으로는 연질의 나무토막을 블랭크 안쪽 바닥에 대고 클램프를 사용해 작업대와 함께 물어 고정하는 것이다. 블랭크 안쪽을 원하는 형태로 깎기 위해서는 여러 가지 스윕의 벤트 가우지를 사용해야 한다. 만약 크기가 작은 나무 그릇을 만든다면 가우지 대신 후크 나이프를 사용할 수 있다.

함지박의 양쪽 측면을 따라 깊게 패인 톱니 모양의 문양을 만들고 싶다면, 이것을 감안하여 블랭크에 건목 작업을 한다.

이제 함지박 형태를 갖춘 블랭크의 끝 단면에 갈라짐을 방지하기 위해 목공 접착제를 바른다. 그리고 접착제가 마르고 나면 천으로 감싼 후 서늘하고 건조한 곳에서 몇 주간 천천히 말린다. 이렇게 1차 가공된 함지박이 마르고 나면 형태가 변한다. 이는 끝 단면에 보이는 나이테 중 길이가 긴 것이 짧은 것보다 더 많이 수축하기 때문이다. 이러한 변형에 대비하고 매끄러운 표면 마감을 위해서는 1차 가공 시 최종 마감 형태보다 약간 덜 깎은 상태로 말리는 게 좋다. 마지막으로 함지박 외부 바닥 면의 수평을 맞추고 모든 면을 깨끗하게 마무리한다. 그리고 다양하고 재미있는 문양들을 맘껏 표현해 보자.

수축통

수축통Shrink Box을 만드는 일은 비교적 쉽고 재밌다. 단 몇 시간 만에 어린 생목이나 굵은 가지를 이용해서 자신이 원하는 상자를 만들 수 있다. T-오거를 사용해 블랭크의 수심을 따라 관통해 뚫은 다음, 건조목으로 만든 밑판을 통의 한쪽 끝 홈에 끼운다. 이 상태로 며칠 건조시키면, 속을 파낸 통이 수축하면서 끼워 넣은 밑판을 조인다. 수축통의 뚜껑을 만드는 일은 몸통보다는 좀 더 복잡하지만, 그래도 흥미로운 도전이다. 스웨덴의 전통 슬뢰이드에서 수축통을 만드는 기술은 양동이, 수도관, 술통 및 찬송가 케이스 등을 만드는 데 사용되었다. 또한, 속을 파낸 나무로 만든 물건으로는 관, 납작한 트렁크 그리고 다양한 나무 상자가 있다.

목공예가 크누트 외스트고드knut östgård는 슬뢰이드에서 가장 흥미로운 작업 중 하나로 수축통을 꼽았다. 그는 차를 담아 두는 통, 펜 꽂이, 휴대폰 케이스, 명함 홀더 등 다양하게 사용하는 수축통을 보여 주었다. 이 밖에도 수축통을 사용한 예는 아주 많다.

수축 기법을 이용해 만든 책 모양의 수축통. 뚜껑은 따열장(Sliding dovetail) 기법으로 만들었다.

도구 도끼, 드로 나이프, 스포크셰이브, T-오거(35mm), 오거 비트(10mm), 드릴, 칼, 삼각도, 프로우, 나무망치, 일본 톱, 후크 나이프

블랭크 껍질이 매끄럽고 옹이가 전혀 없는 낙엽수를 선택한다. 블랭크의 직경은 원하는 마감 크기보다 20% 이상 크고, 길이는 적어도 두 배 이상 길게 자른다. 그리고 셰이빙 홀스나 작업대에 단단히 고정할 수 있도록 블랭크 전체 길이의 1/3 정도를 양쪽으로 평평하게 깎는다. 그런 다음 셰이빙 홀스에 블랭크를 고정하고 표면을 매끄럽게 하기 위해 드로 나이프나 스포크셰이브를 사용해 껍질을 제거한다.

이제 자세를 바꿔 한쪽 발로 셰이빙 홀스의 발판을 밟아 블랭크를 고정시킨다. 동시에 T-오거를 이용해 블랭크 중앙에 구멍을 뚫는다. 이때 T-오거가 처음부터 블랭크와 일직선이 되도록 주의해서 돌린다. 경험상 드릴링할 때 측면 각도를 지켜보고 알려주는 작업 동료가 있다면, 블랭크를 직선으로 뚫는 데 큰 도움이 된다. 하지만 만약 동료가 없다면 거울을 이용하면 된다. 구멍의 깊이는 실제 사용하려고 하는 블랭크 길이보다 좀 더 길게 뚫는다. 이렇게 구멍을 뚫고 나면 사용할 길이만큼 잘라 준다. 이제 본격적인 속 파내기 준비가 완료됐다.

T-오거를 사용해 드릴링 각도를 보며 작업하기

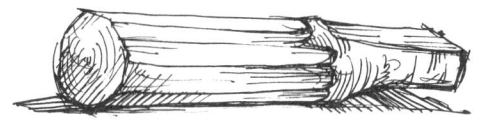

드릴링 준비를 마친 수축통 블랭크

칼날 끝 둥근 부분을 사용해 통 내부의 중간 부분에 덜 깎인 곳을 깎는다. 그리고 이곳을 깎을 때는 기본적으로 두 가지 나이프 그립을 사용한다.

1. 칼날 모서리를 시계 방향으로 회전시키며 깎는다. 이때 칼 손잡이를 작업자 쪽으로 기울인다. 칼날을 엄지 쪽으로 당기는 동시에 통은 반시계 방향으로 돌리며 깎는다. 이 방법은 다른 방법에 비해 표면을 매끄럽게 깎기가 쉽다.

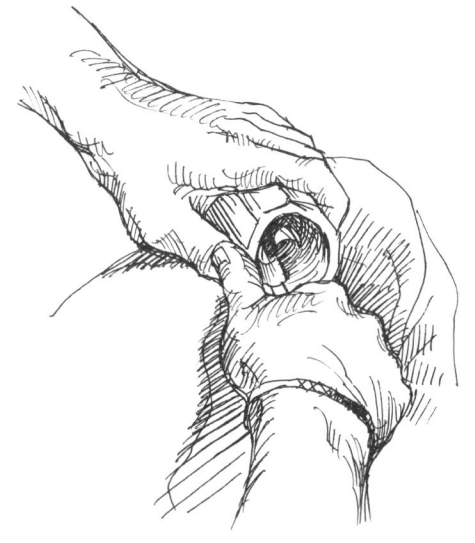

속 파내기

블랭크의 내부를 깎아 벽면의 두께를 줄인다. 작은 통이라면 벽면의 두께는 약 5~6mm, 큰 통이라면 7~9mm 정도로 한다. 그리고 속을 파내는 칼날의 폭은 10~13mm 정도로 너무 넓지 않아야 한다. 그렇지 않으면 칼날의 회전이 원활하지 않으며, 내부 면을 매끄럽게 깎는 대신 뜯어내듯이 깎는다. 또한, 후크 나이프를 사용해서도 통의 내부를 깎을 수 있다. 이것은 초보자가 좀 더 쉽고 빠르게 속을 파내기에는 좋지만 내부 면에 거친 자국을 남긴다. 그래서 칼을 이용해 최종 마무리한다. 이때 통의 두께를 균일하게 만들어 수축 팽창 시 발생하는 고르지 못한 긴장의 위험을 줄인다.

2. 또 다른 방법으로는 통을 손에 쥐고 무릎 위에 올린 후 손바닥이 위를 향하게 칼을 잡고 칼날의 방향이 바깥쪽을 향하게 한다. 통은 시계 방향으로 돌리고 동시에 칼은 반시계 방향으로 돌리며 깎는다. 이때 칼날 경사면이 나무 표면에 잘 밀착되게 단단히 누르고 팔꿈치를 앞으로 움직이며 손목을 돌려 깎는다. 수축통의 내부를 좀 더 효율적으로 깎기 위해 몇몇 대장장이들은 탱이 길고 칼날의 기울기를 변형한 특별한 후크 나이프를 만들기도 한다. 이제 통이 안정적으로 바로 설 수 있도록 외부 바닥 면을 깔끔하게 다듬는다. 이때 바닥 면의 바깥쪽에서 안쪽으로 살짝 기울여 깎는다.

다. 그리고 칼날에 안정성과 힘을 더하기 위해 통을 쥔 손의 검지를 칼등에 대고 누른다. 그무개로 아래위 두 개의 칼집을 냈다면, 칼끝을 이용해 이 두 개의 칼집 사이에 약 3mm 깊이로 홈을 파낸다. 만약 작업이 제대로만 된다면, 이 방법은 통과 밑판을 매우 강하게 결합시킨다.

이번에는 곡삼각도(No.13/8mm, Pfeil)를 사용하는 방법이다. 통 바닥 면에서 약 17mm 높이에 연필로 선을 긋는다. 뾰족한 침이 달린 그무개를 사용하거나 손에 연필을 쥐고 손가락 끝을 통의 바닥 면에 지탱하여 선을 그릴 수도 있다. 곡삼각도를 안정되게 쥔 다음, 날 끝은 연필 선에 대고 날의 몸통은 바닥 면 안쪽 모서리에 댄다. 연필 선을 따라 조심스럽게 V 홈을 판다. 이때 홈의 깊이는 3mm 또는 통 두께의 절반까지도 가능하다. 만일 곡삼각도의 날이 진행 중에 나무 속에 끼이거나 걸리면 조심스럽게 위아래로 움직인다. 통 안쪽에 홈을 파고 그곳에 밑판을 끼우는 일은 섬세함과 인내심이 필요하다.

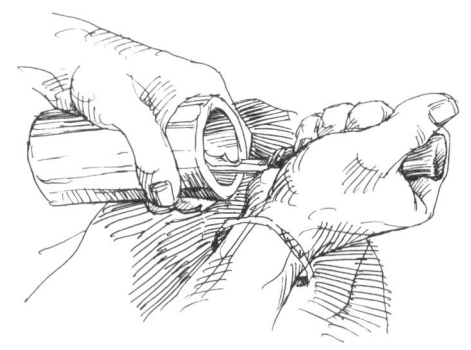

V 홈파기 통의 밑판을 끼우기 위한 두 가지 홈파기 방법을 소개한다. 우선 칼끝을 사용하는 방법은 멋진 기술이긴 하지만 그만큼 절제된 힘 조절과 기술이 필요하다. 또 다른 방법으로는 곡삼각도(Bent V-Tool)를 이용하는 것이다.

먼저 칼을 사용하는 방법이다. 우선 작은 칼날이 달린 그무개를 약 15mm 깊이로 세팅한다. 그무개를 밑판이 끼워질 통의 안쪽 면에 대고 전체 면에 돌려가며 첫 번째 칼집을 낸다. 그 다음 그무개(Cutting gauge)를 19mm로 세팅한 후 똑같이 한 번 더 반복한다. 이렇게 그무개로 그어진 두 개의 칼집은 칼끝으로 더 깊게 자르기 위한 가이드라인이 된다. 칼끝으로 홈을 파내는 동안 칼이 흔들리지 않게 확실하게 누르면서 통을 돌린

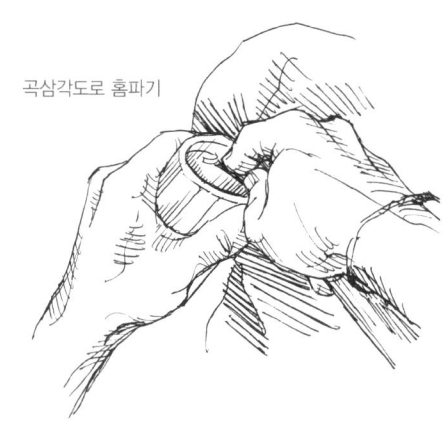

곡삼각도로 홈파기

밑판 만들기

건조된 곧은결의 블랭크에서 5~6mm 두께로 판재를 쪼갠다. 판재를 쪼개기 가장 쉬운 방법은 프로우와 나무망치를 사용하는 것이다. 판재의 길이는 셰이빙 홀스에 물리거나 손으로 잡고 작업할 수 있는 공간을 확보하기 위해 바닥 면의 직경보다 세 배는 길어야 한다.

쪼개진 판재를 4~5mm 두께로 매끄럽고 평평하게 다듬는다. 다듬어진 판재 위에 통을 올리고 끝이 뾰족한 연필로 통의 안쪽 둘레를 따라 그린다. 그리고 추후 다시 서로의 위치를 맞출 수 있도록 통의 옆면과 판재 면에 표시를 한다. 이때 판재의 안팎을 구별하기 위해 어느 면이 바깥쪽인지도 같이 표시한다. 이제 그려진 연필 선을 따라 판재 면에 90° 각도로 칼 또는 실톱을 사용해 자른다. 이때 연필 자국은 남겨 놓고 잘라야 한다. 또한, 기억해야 할 것은 안전한 작업을 위해 밑판 둘레의 일부

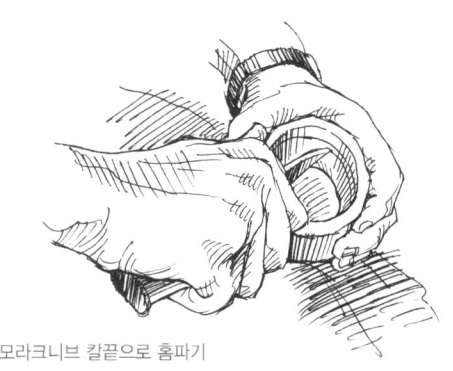

모라크니브 칼끝으로 홈파기

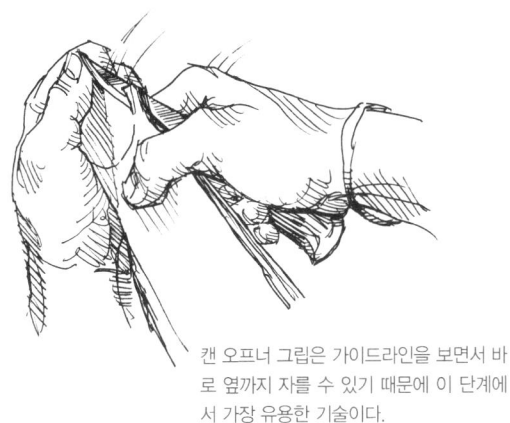

캔 오프너 그립은 가이드라인을 보면서 바로 옆까지 자를 수 있기 때문에 이 단계에서 가장 유용한 기술이다.

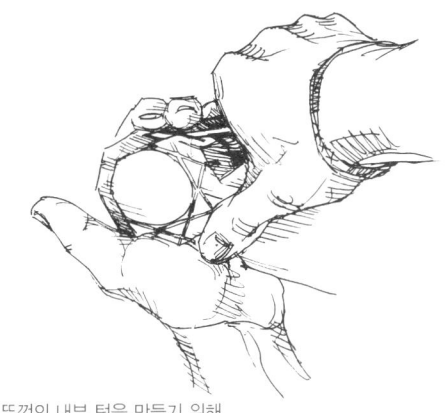

뚜껑의 내부 턱을 만들기 위해 뚜껑의 측면에서 톱질된 쪽으로 칼을 당겨 불필요한 부분을 쪼갠다. 그리고 연필 선을 따라 턱 부분을 깨끗하게 다듬는다. 그런 다음 뚜껑을 통에 끼워 보고 맞지 않을 경우 빡빡하게 끼워질 때까지 조금씩 다듬는다.

분은 자르지 않고 남겨 놓는 것이다. 그래야만 작업하는 동안 밑판 부위가 연결된 상태로 나머지 부분을 잡고 작업할 수 있다. 밑판의 옆면을 깎을 때는 섬유질 방향이 바뀌는 것에 주의하자! 만약 곡삼각도를 이용해 홈을 파냈다면, 밑판 모서리를 양쪽에서 45° 각도로 깎는다. 이때 모서리의 양쪽 면을 균일하게 깎기 위해 모서리 단면 중심부를 따라 선을 그린다.

수축통의 밑판을 만들 때 만약 그려진 선을 따라가며 깎고 싶다면 캔 오프너 그립이 좋다. 우선 칼날 가까이 칼 손잡이를 잡는다. 그다음 칼 쥔 손의 엄지를 판재 위에 대고 아래쪽으로 누르는 동시에 칼날 끝에서부터 밑으로 반원을 그리며 판재를 베듯이 칼을 위쪽으로 밀어 올린다. 이때 검지의 안쪽 부분이 판재의 아랫면에 접촉하면서 자연스럽게 칼질이 멈춘다. 밑판을 깎는 동안 깎는 부위에 따라 엄지를 움직여 위치를 바꾼다.

완성된 밑판을 홈에 맞출 때는 밑판의 끝 단면 쪽을 먼저 삽입해야 한다. 이렇게 해야 밑판이 결 방향으로 쪼개지는 것을 막고 홈에 좀 더 강하게 눌러 끼울 수 있다. 밑판을 홈에 고르게 끼우기 위해서는 밑판보다 크기가 작은 나무토막을 밑판 위에 대고 작은 망치로 두드려 끼운다. 딱 하는 소리와 함께 밑판이 끼워지면 밑판의 높이가 홈과 같은지 확인한다. 그리고 며칠간 통을 말린다. 밑판이 홈에 끼워진 직후에는 작은 틈이 보이지만, 보통은 통이 수축되고 나면 틈이 메워진다. 통이 마른 후 표면에 광을 내기 위해 아주 날카로운 칼로 마무리한다. 사포질을 하면서 지루한 시간을 보내고 싶지 않다면 마무리 칼질에 신경쓰자!

뚜껑

뚜껑 디자인은 취향과 목적에 따라 생김새가 다양하다. 여기서는 손잡이가 달린 반구형 모양의 뚜껑을 만들 것이다. 뚜껑을

통에 잘 맞추기까지는 시간이 걸린다. 밑판이 끼워진 상태에서 통 위쪽의 내부 직경을 연필로 그릴 방법은 없다. 왜냐하면 통이 마르기 전에 밑판을 끼워야 하고 통이 마른 후에 뚜껑을 만들어야 하기 때문이다. 우선 마른 블랭크를 반구형의 높이에 따라 15~30mm 사이의 두께로 쪼갠다. 밑판을 작업할 때와 마찬가지로 블랭크의 길이는 만들려는 뚜껑의 길이보다 길게 한다. 그리고 드로 나이프로 뚜껑 부위의 밑면을 평평하게 다듬는다.

뚜껑이 될 블랭크 부분에 통을 뒤집어 올려 놓고 연필로 통의 바깥쪽을 따라 그린다. 그리고 나중에 뚜껑을 통에 맞춰 보기 위해 통과 뚜껑의 어느 한 곳에 위치를 표시하는 것을 잊지 않는다. 이렇게 뚜껑에 그려진 선 바깥쪽으로 4mm를 더하여 다시 한번 그린다.

추가로 그린 4mm 선을 따라 우선 뚜껑의 모양을 팔각형으로 단순화한다. 그리고 밑판을 만들 때와 마찬가지로 한쪽 부

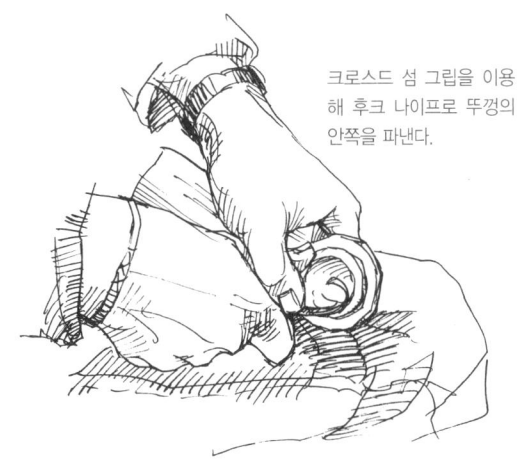

크로스드 섬 그립을 이용해 후크 나이프로 뚜껑의 안쪽을 파낸다.

분을 남기고 톱으로 자른다. 만약 실톱이 있다면, 이 단계를 거치지 않고 그냥 뚜껑 모양대로 선을 따라 자르면 된다. 잘라 낸 뚜껑 재료의 옆면을 칼로 깨끗하게 깎는다.

이제 뚜껑을 통에 맞추는 방법에 대해 좀 더 자세히 알아보자. 통의 외부 직경을 표시한 연필 선은 뚜껑의 내부 턱을 만들기 위한 기준선이 된다. 우선 통의 벽 두께를 측정한다. 그런 다음 측정된 수치에 뚜껑에 추가된 4mm 돌출부의 길이를 더한다. 그런 다음 이 측정값을 이용해 통 속으로 들어갈 뚜껑 안쪽 부분에 대한 새로운 가이드라인을 그리면 통의 내부 모양과

일치할 것이다. 이제 뚜껑 모서리 옆면에 통 속으로 들어갈 부분의 깊이 표시를 위한 선을 그리는데, 그 깊이는 약 6~7mm가 되어야 한다. 이렇게 선 그리기가 끝나면, 뚜껑을 뒤집어 안쪽이 위를 향하게 한다.

일본 톱처럼 날이 예리한 세로 톱을 이용해 뚜껑 모서리 옆면에 표시한 깊이까지 톱질한다. 톱질할 때는 선을 따라 정확하게 자를 수 있도록 톱날 옆면에 톱을 쥐지 않은 손의 엄지를 댄다. 이러한 방법으로 선을 따라 팔각형 모양으로 여덟 개의 톱질을 한다.

뚜껑의 윗면은 셰이빙 홀스에서 드로 나이프로 깎거나 아니면 손에 쥐고 칼로 깎는다. 이때 뚜껑의 가장자리를 너무 얇게 만들지 않도록 주의하자. 뚜껑 옆면의 돌출부는 수축통을 안전하게 손에 쥘 수 있게 하고 손쉽게 열고 닫을 수 있게 한다.

쐐기로 손잡이를 고정할 때 꼭지 장식 부분이 손상되지 않도록 꼭지 장식을 구멍 속에 넣고 작업하는 것을 잊지 말자.

통과 뚜껑의 단면 스케치

수축통의 외부에 내용물에 관한 이름을 새겨 넣고 눈에 띄는 장식 문양을 만들어 유화 물감으로 얇게 칠한다.

뚜껑이 없는 소죽통, '포지아(The Loggia)'

사시나무와 자작나무로 만든 수축통들. 왼쪽부터 '애(Ah)', '대리석 컵', '미닫이 뚜껑 하트 튤립', '여왕', '설탕 그릇'이다.

도마

이 프로젝트는 내가 노르웨이에서 본 실용적인 도마를 바탕으로 구성했다. 그 도마의 한쪽 면에는 칠이 되어 있었고, 벽에 걸 때는 칠이 된 장식 면이 보이게 걸어 두었다. 다른 쪽 면은 칠이 되어 있지 않았으며, 음식을 조리할 때 사용했다.

도마는 거칠게 다뤄진다. 물과 자주 접촉하며 이로 인해 수축과 팽창을 반복하고 그때마다 나무의 체적이 바뀐다. 접착제를 이용해 집성한 나무 도마는 얼마 가지 못해 금이 간다. 만약 곧게 자란 나무의 바깥쪽 부분을 한 판으로 사용한다면, 이 부위는 나이테의 길이가 거의 같기 때문에 나무가 건조된 후에도 휘어짐이 크지 않다. 또한, 칼질하는 면은 살짝 볼록하고 반대 면은 오목해서 구조적으로도 안정적이다.

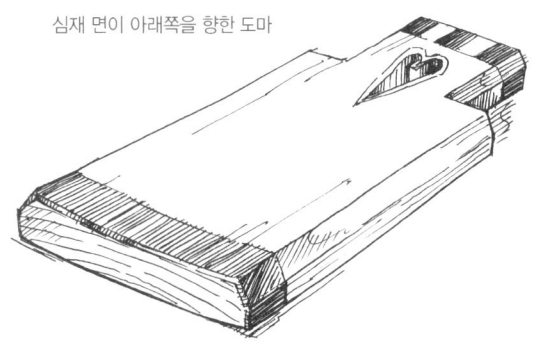

심재 면이 아래쪽을 향한 도마

심재 면에서 음식을 자른다. 이 면은 건조됐을 때 볼록해지고 그로 인해 물 빠짐이 좋다. 껍질 쪽 부분이 장식하는 면이 된다.

조각용 도끼로 건목 치기

도구 톱, 도끼, 쪼개기용 쐐기, 수동 드릴, 오거 비트, 기포관 수준기, 스크럽 플레인, 스무딩 플레인, 칼, 실톱, 드로 나이프, 칩 카빙 나이프

재료 곧은결의 자작나무 또는 검은오리나무 블랭크나 물푸레나무, 단풍나무, 너도밤나무도 좋다.

우선 블랭크가 뒤틀리지 않았는지 확인한다. 도마는 다른 프로젝트를 하고 남은 재료로 만드는 것이 좋다. 예를 들어, 반으로 쪼갠 통목에서 스툴의 좌판에 사용할 블랭크를 쪼개고 남은 부분을 도마 만드는 데 사용할 수 있다. 먼저 도끼로 껍질 쪽 두꺼운 부분을 깎는다. 그런 다음 셰이빙 홀스에서 드로 나이프를 사용하거나 작업대에서 스크럽 플레인을 사용하여 블랭크 양쪽 면을 다듬는다. 그리고 블랭크가 뒤틀리지 않았는지, 두께가 고른지도 확인한다. 이때 블랭크의 가운데 부분이 약간 오목하게 들어간 형태일 수 있다.

블랭크 양쪽 끝 단면에 목공 접착제를 바르고 몇 주 동안 말린다. 건조된 블랭크는 수동 드릴과 오거 비트를 이용해 벽걸이용 손잡이 구멍을 뚫는다. 구멍을 뚫을 때는 오거 비트에 달린 나사 끝이 반대쪽 면을 막 뚫고 나왔을 때 드릴링을 멈춘 후, 블랭크를 뒤집어 뚫고 나온 구멍을 다시 한번 뚫는다. 이렇게 하면 한쪽 방향에서만 구멍을 뚫었을 때 맞은편 구멍 주위에 생기는 찢김이나 쪼개짐을 방지할 수 있다.

만약 구멍에 큰 손잡이를 만들고 싶다면 모양을 따 내기 위해 실톱을 사용한다. 이렇게 따낸 구멍 내부는 날 폭이 좁은 칼을 사용해 깨끗이 다듬는다.

스무딩 플레인이나 날카로운 드로 나이프를 이용해 블랭크 면을 평평하게 다듬는다. 이때 옹이가 없는 양질의 곧은결 블랭크를 왜 사용해야 하는지 깨닫게 된다. 하지만 곧은결 블랭크라고 해도 블랭크의 폭이 넓으면 전체 면을 고르게 대패질하기가 쉽지 않다. 그래도 끈기 있게 도전해서 시련을 극복하자!

대패질이 끝나면 블랭크를 원하는 도마 모양으로 자르고, 도마 끝 모든 단면은 캔 오프너 그립을 사용해 깨끗이 깎는다 (111p 참고). 그리고 각진 모서리들은 비스듬히 깎는다. 껍질 쪽 면에는 멋진 문양을 새겨 넣고 유화 물감으로 얇게 칠한다. 이제 멋진 도마 위에서 맛있는 음식을 만들어 보자.

대패질에 힘을 더하기 위해 다리와 몸을 이용한다. 좋은 자세와 적절한 힘의 분배는 좋은 결과를 가져온다. 블랭크의 엇결 부분은 찢어지거나 뜯길 수 있다. 이때는 플랫 가우지(Flat gouge)를 사용하거나 다른 방향에서 대패질을 한다.

스툴

내구성 있는 스툴을 만드는 간단한 공식은 습기 있는 좌판에 아주 건조한 다리 그리고 정확한 맞춤이다. 장붓구멍은 손으로 T-오거를 돌려 뚫는다. 스툴을 만들 때 좌판에 구멍을 뚫는 동안 눈으로 구멍의 각도를 맞추는 것이 절반의 즐거움이고, 작업이 끝난 스툴에 앉는 것이 나머지 절반의 즐거움이다.

도구 톱, 쪼개기용 도끼와 쐐기, 스크럽 플레인, 가우지, 드릴, 드로 나이프, 스포크셰이브, 자유자, 쇠망치, 칩 카빙 나이프, T-오거 또는 수동 드릴과 오거 비트

재료 좌판은 크고 결이 곧으며 옹이가 없는 활엽수 통목을 사용한다. 내가 살고 있는 스웨덴의 베스테르보텐 지역에서는 보통 자작나무, 사시나무, 소나무 또는 가문비나무를 이용해 좌판을 두껍게 만든다. 이 나무들은 참나무, 물푸레나무, 느릅나무 또는 단풍나무만큼 단단하지 않기 때문이다.

나는 실내에서 사용할 스툴의 다리 재료로 직경 35~45mm, 길이 60~65cm의 낙엽수를 사용한다. 그리고 스툴의 전체 디자인과 조화를 이루는 작은 나무들을 찾아 다리 재료로 사용하고, 섬유질의 방향에 따라 다리의 형태를 달리한다. 그러나 이러한 방식은 위험할 수 있다. 다리로 사용될 나무의 수심 부위가 온전하게 남아 있으면 건조되면서 많이 수축할 수 있기 때문이다. 그렇게 되면 좌판과의 결합력이 느슨해진다. 하지만 수분 함량에 주의를 기울인다면, 다리의 장부는 좌판의 장붓구멍에서 팽창하여 단단히 고정된다.

더 안전한 대안은 큰 나무에서 쪼갠 재료를 사용해 다리의 장부 끝 단면에 보이는 나이테의 길이를 줄이는 것이다. 실외에서 사용하려면 다리가 부식되는 것을 막기 위해 밀도가 높고 느리게 자란 가문비나무를 선택한다. 자작나무는 옥외에서 쉽게 썩는다.

블랭크를 선택한 후에는 즉시 껍질을 제거한다. 좌판은 앉는 깊이에 따라 30~45cm의 직경을 가진 곧은결의 생목에서 쪼갠다. 생목으로 스툴의 좌판을 만들 때는 추후 나무 끝 단면의 갈라진 부분을 잘라 낼 수 있도록 계획한 넓이보다 최소 20cm 길게 자른다. 길이는 65~70cm 정도가 좋다.

자작나무 스툴인 '볼링(Bowling)'과 '버튼(Button)'

최대한 힘을 쓰기 위해 두 다리를 넓게 벌려 서고 상체를 앞으로 민다.
가우지 앞쪽을 잡은 손의 손목을 블랭크에 지지하고 천천히 깎는다. 이제 가우지의 미끄러짐이 없이 최대치의 힘을 조절해서 작업할 수 있다.

좌판

도끼로 블랭크의 표면을 대충 다듬는다. 이렇게 다듬어진 블랭크를 천천히 건조시키고 끝 단면 갈라짐을 방지하기 위해 목공 접착제를 바른 후, 그 위에 신문지를 붙여 밀봉한다. 접착제가 마르고 나면 스크럽 플레인을 이용해 좌판을 대패질하거나 원하는 대략의 모양이 될 때까지 가우지로 깎는다. 가우지를 사용하는 가장 효율적인 자세는 가우지의 손잡이 뒤쪽을 손바닥에 대고 상체를 미는 것이다.

좌판에 구멍을 뚫을 때는 원하는 좌판 두께보다 5mm 정도 두꺼운 상태에서 뚫는다. 오거 비트는 구멍을 뚫고 들어갈 때 구멍의 주변 부위를 찢는 경향이 있기 때문이다. 그리고 다리가 끼워지는 구멍 주변 부위의 두께는 최소 4cm 이상은 돼야 한다.

다리를 좌판에 끼우기 전 좌판의 수분 함량은 18% 정도여야 한다. 이것은 좌판이 적어도 6개월 동안 실외 또는 시원한 지하실에서 건조됐다는 의미이기도 하다. 좌판의 수분 함량이 너무 높으면 건조한 장부가 과도하게 팽창할 수 있고, 이로 인해 장부가 압축된다. 이 상태로 좌판과 장부가 서로 자리를 잡게 되면 과도하게 압축됐던 장부는 헐거워진다.

가우지 No.5/30mm는 표면을 매끄럽게 깎는 데 적당한 크기다. 숫자 5는 가우지 날 단면의 굽은 정도인 스윕을, 숫자 30은 날의 너비를 나타낸다.

다리의 장부가 더 이상 좌판을 통과하지 못하게 하는 장부 턱을 보여 주는 단면도. 장부는 좌판의 상단에서 쐐기로 고정한다.

다리

앞서 언급했듯이 다리 장부의 나이테가 길이 방향으로 너무 많이 수축 팽창하지 않도록 다리 재료는 큰 나무에서 네 개로 쪼개 사용하는 것이 이상적인 방법이다. 그러나 나는 미적인 이유로 작은 나무로 만든 굽은 다리를 사용한다. 이는 내가 원하는 알맞은 다리 치수를 바로 얻을 수 있기 때문이기도 하다. 이렇게 굽어 자란 나무로 다리를 만들어 좌판에 끼울 때 매우 신중하게 작업하며, 다리를 좌판에 끼우기 전 수분 함량이 4%가 되도록 건조한다.

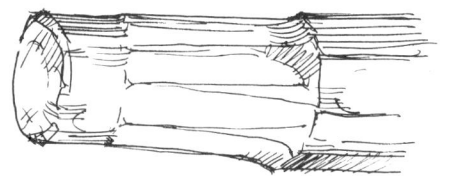

최종적인 직경으로 깎기 위해 장부의 압축된 부분을 가이드로 사용한다.

장부

다리로 사용할 나무의 수분 함량을 4%로 낮추기 위해 오븐에서 43℃로 약 24시간 동안 건조한다. 이렇게 건조된 나무는 작업하지 않는 동안 공기 중의 습기를 차단하기 위해 비닐봉지에 담아 둔다. 다리는 팔각형 모양으로 만드는데, 이 형태는 면과 면 사이의 모서리들을 보다 쉽게 볼 수 있다. 좌판의 장붓구멍과 직경이 같은 크기의 오거 비트나 T-오거를 이용해 사용하지 않는 마른 나무토막에 장부 테스트용 구멍을 만든다. 이때 구멍의 직경은 26~32mm가 적당하다. 장부의 두께는 다리 두께보다 적어도 4mm 작게 만들고 드로 나이프와 스포크셰이브를 이용해 정사각형이나 팔각형 모양의 균등한 두께로 깎는다. 그리고 서로 대칭하는 장부 면 사이의 두께는 장붓구멍보다 1mm씩 커야 한다. 또한, 장부의 길이는 좌판의 두께보다 1~2cm 더 길어야 하고 균등한 모양의 팔각형으로 만든다. 그런 다음 테스트 구멍에 원활한 진입을 위해 장부 끝 모서리를 비스듬히 깎아 약간 둥글게 만든다.

준비가 끝났으면 쇠망치를 사용해 테스트 구멍에 장부를 때려 넣는다. 이때 장부 길이의 절반 정도가 테스트 구멍 속으로 들어가야 한다. 이제 다시 구멍의 반대편에서 장부를 때려 빼내면 장부의 정확한 두께를 나타내는 압축된 부분을 선명하게 볼 수 있다. 장부는 처음과 끝의 두께를 일정하게 만드는 것이 매우 중요하다. 만약 장부의 형태가 원추형이고 그 원추형의 아랫부분이 장붓구멍보다 클 경우, 장부가 쐐기처럼 작동해서 좌판이 쪼개질 수 있다.

좌판에 구멍 뚫기

장부를 끼울 때 좌판의 쪼개짐을 피하기 위해 장붓구멍을 좌판 가장자리 단면에 너무 가까이 뚫어서는 안 된다. 쪼개짐 방지를 위한 안전거리는 좌판의 가장자리에서부터 7~8cm이다. 이 길이는 좌판이 최종 마감됐을 때의 거리를 의미한다. 그러니 좌판이 건조되는 과정에서 나타날 수 있는 가장자리 단면의 갈라진 부위를 5~10cm 정도 잘라 낸다는 사실을 잊지 말자.

각도 찾기 좌판에 올바른 각도로 구멍을 뚫기 위해 자유자를 사용한다. 드릴링을 할 때는 측면과 정면 두 곳에서 각도를 맞춘다. 만약 직선 형태의 다리를 만든다면, 구멍이 뚫릴 좌판의 모든 위치에서 동일한 각도를 반복해 사용할 수 있도록 좌판에 자유자를 위한 가이드라인을 배치한다. 각도를 찾는 것은 용기와 집중력이 필요하다.

좌판에 구멍을 뚫을 때는 테스트 구멍에 사용한 것과 동일한

장부와 동일한 각도를 찾기 위해 다리를 정면과 측면에서 보면서 자유자를 세팅한다. 그리고 세팅된 자유자는 구멍을 뚫는 동안 움직이지 않게 좌판 상단에 고정하는 것이 좋다.

굽어 자란 나무로 만든 다리를 사용하면 각각의 다리가 휘거나 굽은 정도가 다를 수 있다. 그래서 각 다리마다 장붓구멍의 각도를 다시 세팅해야 한다. 먼저 좌판을 적절한 높이에 올려놓고 그 밑으로 다리들을 배치한다. 그리고 각각의 다리가 원하는 각도가 될 때까지 정렬한다. 이때 다리의 각도는 좌판 바깥 모서리 쪽을 기준으로 60~70° 사이가 적당하다. 다리 각도 맞추는 작업을 좀 더 쉽게 하기 위해 장부 중심에 작은 쇠못을 절반 정도 박은 다음, 못대가리를 제거한 후 다리가 놓일 위치에 댄다. 이제 각 다리의 각도를 조정한 다음 좌판 속으로 못이 들어가게 바닥에 대고 누른다. 이렇게 고정된 다리는 자유자로 각도를 측정하는 동안 충분히 안정적이다.

T-오거를 사용해 구멍을 뚫는다. 만약 T-오거로 구멍을 뚫기 시작할 때 나무 표면이 쪼개지는 경향이 있다면, 먼저 스트레이트 가우지로 쪼개지는 곳의 섬유질을 끊는다. 오거 드릴 끝에 달린 나사가 좌판의 맞은편을 다 뚫고 나왔을 때 구멍 주변의 나무가 찢기거나 뜯기지 않게 드릴링을 중지한다. 칼을 사용해 좌판 뒤쪽의 구멍을 따 내고 장부 턱 부위와 일치하도록 구멍 모서리를 경사지게 깎는다. 또한, T-오거 대신 동일한 크기의 오거 비트를 수동 드릴에 장착해 사용할 수 있다.

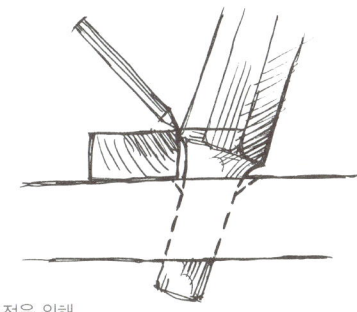

장부 턱 조정을 위해
좌판 밑면에서 깎을 부위를 체크한다.

장부 턱 조정하기

쇠망치를 사용해 다리를 좌판에 끼운다. 그러나 다리를 끼우기 전 먼저 다리 양쪽 끝 단면 각진 모서리를 비스듬히 깎는다. 이것은 다리를 좌판에 끼우거나 빼낼 때 쇠망치에 의해 끝 단면 모서리가 세로 방향으로 쪼개지는 것을 방지한다. 장부는 장붓구멍에 매우 정확하고 틈 없이 꽉 맞아 들어가야 하며, 이렇게 끼워진 장부는 손으로 움직일 수 없을 정도가 돼야 한다.

각 다리마다 번호를 매겨 좌판의 어느 곳에 끼울지 알 수 있게 한다. 또한, 다리가 좌판에 끼워진 상태로 그 둘의 위치를 표시하고 추가로 깎아 낼 장부 턱의 각도 역시 표시한다. 이제 최종적인 치수 조정을 위해 장부의 직경보다 약간 작은 치수의 나무 막대기를 장부 윗면에 대고 쇠망치로 때려 빼낸다. 다리가 좌판에 단단히 끼워질 수 있도록 각각의 장부 턱을 조정해 깎는다. 이때 각 장부 턱이 놓여질 좌판 홈의 둘레는 다리 직경보다 최소 2mm 이상 넓어야 한다. 장부에 박아 넣을 쐐기는 낙엽수로 만든다. 이 작지만 중요한 쐐기 만드는 방법에 대한 것은 39p를 참조한다.

섬세한 좌판 표면의 홈들과 이들을 위한 손가락 구멍

이제 장부에 목공 접착제를 바르고 쇠망치를 사용해 다리를 좌판에 끼운다. 그런 다음 좌판 위로 튀어나온 장부 부분을 좌판 면과 동일하게 자르고 잘린 장부 끝 단면 중심에 칼이나 평끌을 이용해 좌판 섬유질 방향에 90° 각도로 칼집을 낸다.

모든 준비가 끝나면 단단하고 안정된 평평한 면에 쐐기로 고정할 다리를 수직으로 올려놓는다.

쐐기의 중간 정도에 소량의 목공 접착제를 바른 후, 칼집 낸 부위에 대고 단단히 고정될 때까지 쇠망치로 때려 넣는다. 이렇게 박힌 쐐기는 칼끝을 이용해 쐐기의 가장 아랫부분 양쪽 면에 칼집을 낸 후 부러뜨려 뗀 다음, 가우지로 깨끗하게 정리한다.

1차 마감된 스툴은 가급적이면 시원하고 공기 순환이 잘 되는 공간에서 두 달간 건조시킨다. 건조가 끝나면 스툴 좌판의 불필요한 양쪽 끝단을 잘라 내고 모든 표면을 조심스럽게 마무리한다. 마지막으로 좌판의 각진 모서리들을 비스듬히 깎고 각종 문양이나 이름, 제작 년도 등을 새겨서 특색 있는 스툴로 만든다.

높이 조정하기

스툴의 수평을 맞추려면 평평한 면 위에 올린 뒤 그곳부터 좌판 각 모서리까지의 높이를 측정한다. 그런 다음 모든 모서리의 높이가 같아질 때까지 각 다리 밑에 동전을 넣는다.

스툴의 최종 마무리를 위해 전문가용 유화 물감에 보일드 린시드 오일을 섞어 얇게 칠한다. 며칠간 충분히 건조한 후 나만의 특별한 스툴에 앉아 보자!

다리의 어느 부분을 자를지 결정하기 위해 어떤 다리 밑에 가장 많은 동전이 있는지를 확인한다. 그리고 평평한 바닥면에서 동전이 가장 많은 다리의 바닥까지 거리를 측정한다. 마지막으로 그 거리와 같은 높이의 나무토막을 이용해 나머지 다리 주위에 톱으로 자를 선을 그린다.

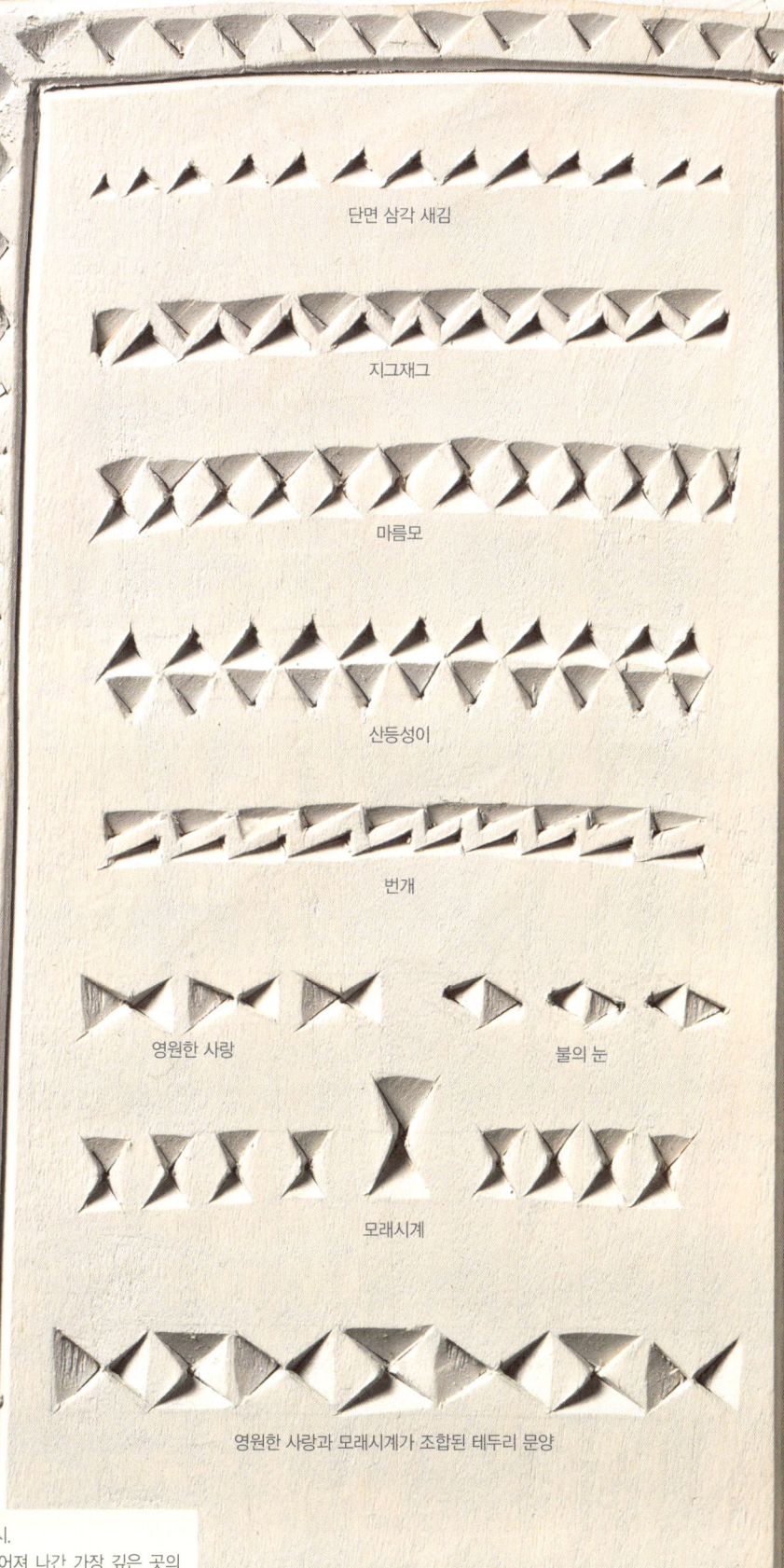

다양한 삼각 새김 예시.
삼각 새김은 칩이 떨어져 나간 가장 깊은 곳의 위치에 따라, 그 문양들을 어떻게 조합하느냐에 따라 전체적인 느낌과 특징이 달라진다.

칩 카빙(새김)

'스큐레트Skureut'는 나무 표면에 새겨진 문양을 뜻하는 오래된 단어이다. 스큐레트라는 단어는 스웨덴의 헬리에달렌Härjedalen, 헬싱란드hälsingland 그리고 얌트란드jämtland 지방의 방언이었다. 르네상스 시대의 엄격한 기하학적 패턴이 수공예 분야로 대중화되면서 이렇게 새겨진 장식을 칩 카빙Chip Carving이라고 불렀다. 스큐레트는 자유로운 형식의 민속 예술로 슬뢰이드 작업과 잘 어울린다.

명언, 삶의 복잡성에 관한 이야기, 서명, 이름, 날짜 및 연도 등을 칩 카빙, 손톱 문양 그리고 깊이가 얕은 부조 조각 등의 기법을 사용하여 독특하면서도 독창적인 슬뢰이드 제품들을 만들어 보자. 야외 박물관과 박물관 소장품들 속에 남아 있는 슬뢰이드 공예품들을 찾아보면, 마치 어둠 속에서 반짝이는 숨은 보물을 발견하듯이 커다란 영감을 얻을 수 있다.

도구 칩 카빙 나이프, 스트레이트 가우지(No.9/5mm와 No.3/14mm), 센터펀치

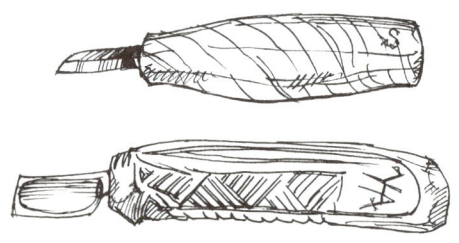

칩 카빙 나이프들. 스웨덴의 유명한 대장장이 중 한 명인 스반테 야르브(Svante Djärv)는 칼날 경사각이 22°인 유용한 모델을 만든다(위). 다른 하나는 내가 가지고 있던 오래된 면도칼로 만든 것이며 칼날 경사각이 12°이고 탄소강으로 만들어졌다. 이 칼은 매우 날카롭지만, 오직 무른 나무에만 사용할 수 있다(아래).

나는 전통 슬뢰이드를 공부하며 이 소박한 민속 예술에서 영감을 얻는다.
자연스럽고 표정이 있는 모양들은 내게 말을 걸어 온다. 그때마다 스케치북에 그들의 문양과 장식을 그려 모은다. 그리고 이렇게 모은 것을 내 자신의 이야기들로 변형시켜 표현한다.

재료 피나무, 오리나무, 갯버들, 사시나무 그리고 연한 자작나무 등과 같은 무른 낙엽수를 사용한다. 하지만 단단하고 깎기 어려운 옹이 부위는 피한다.

문양(무늬)은 전체의 일부분

나는 슬뢰이드 작업을 할 때, 만들 작품에 대한 삼차원적인 형태감을 얻기 위해 생나무에 빠르게 스케치한다. 그리고 기능적 형태를 결정하기 전에 많은 시제품을 만든다. 장식은 전체 디자인의 일부가 돼야 하고, 개성을 표현해야 하며, 감정적인 느낌을 더해야 한다. 그러나 기본 형태와 어우러지지 못하는 과도한 문양은 삼간다.

그래서 나는 새겨 넣을 문양을 결정하기 전에 스케치를 많이 하고 다양한 종류의 문양을 시험해 본다. 가장 유용한 방법은 칩 카빙을 하기 전에 종이로 만든 문양이나 그림들을 대상물 위에 배치해 보는 것이다.

칩 카빙을 위한 4가지 기본 원칙

연습과는 별개로 이 4가지 원칙들은 최고의 작품을 만들어 낸다.
1. 날카로운 칩 카빙 나이프를 위해 호닝과 스트로핑을 신중하게 한다. 손톱 위에 칼날을 대고 밀면서 날의 움직임을 느낀다. 이때 날이 아주 날카로울 경우 손톱을 미세하게 베고 들어가 칼의 진행에 약간의 저항이 생기는 반면, 그렇지 않을 경우 손

톱을 파고들지 못해 미끄러진다.
2. 빛을 집중적으로 비춘다. 빛이 강한 램프나 스포트라이트 조명을 사용하여 칼 쥔 손의 맞은편에서 작업 면 위로 비춘다. 이때 첫 번째 새김에 생긴 그림자는 두 번째 새김을 할 때 첫 번째 새김의 너비를 확인하는 데 도움이 된다.
3. 안정적이고 정확한 나이프 그립을 활용한다. 엄지와 손가락 관절들은 칼을 고정된 각도로 만든다. 이때 칼은 작업 면에 45°를 그리고 몸 쪽으로 45° 각도로 기울인다. 이렇게 하면 작업 면 위에서 안정적인 새김을 할 수 있다.
4. 오롯이 작업에 집중할 수 있는 평화로운 환경을 갖춘다.

빼고 조심스럽게 한다. 나무의 찢김이나 기타 원치 않는 흠집 등을 예방하기 위해 그려 넣은 문양을 어떤 순서로 새길 것인지 먼저 생각해 보자.

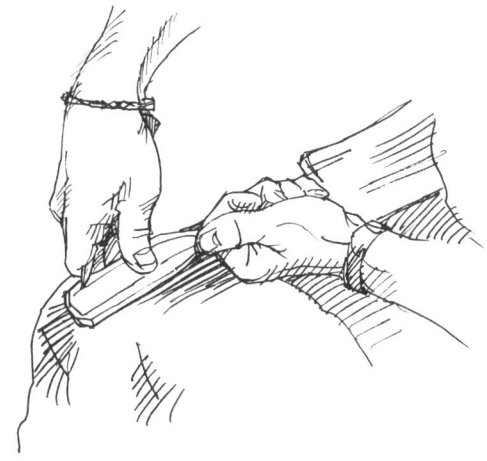

선을 따라 새김하는 기본적인 나이프 그립.
엄지와 손가락 관절은 각각 45° 각도로 블랭크 위의 칼을 지지한다. 이 나이프 그립은 고정된 각도로 작업할 수 있기 때문에 다양한 문양을 쉽게 새길 수 있다. 칼 새김을 할 때는 등과 어깨의 힘을 같이 사용하고 안정감을 위해 무릎 위에 대상물을 올려놓고 작업한다.

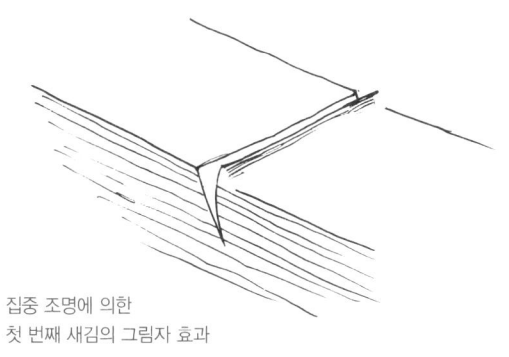

집중 조명에 의한
첫 번째 새김의 그림자 효과

선 새김

일반적으로 섬유질 방향을 따라 새긴다. 오리나무, 피나무 그리고 버드나무와 같이 섬유질이 짧은 나무들은 나뭇결을 가로질러 새기는 것이 가능하지만, 둥근 형태의 문양을 새길 때는 나무가 찢어질 수 있다. 그래서 칼을 몸 쪽으로 45° 기울여 사용하면 칼날 모서리는 나무 표면을 먼저 베고, 이것은 찢어짐을 방지한다. 때로는 작업 중에 칼을 돌리고 다른 손의 엄지로 밀어야 할 때도 있다. 원이나 S자와 같은 둥근 모양의 형태를 새길 때는 칼의 회전을 좀 더 부드럽게 하기 위해 블랭크와 칼을 동시에 돌린다. 이렇게 칼이 회전하는 동안 팔꿈치도 같이 큰 호를 그리며 돌린다.

팔꿈치를 회전할 때는 칼을 통해 새김 작업에 전달되며 원치 않는 곳에 흠집을 내지 않도록 부드럽게 움직인다. V 홈의 바닥에서 새김이 겹치도록 각 새김질은 충분히 깊게 한다. 이때 새김이 제대로 된다면 잘린 나무 칩은 깨끗이 떨어져 나간다. 그렇지 않으면 나중에 다시 깨끗한 새김을 하기 어렵다.

만약 평행하게 마주 보고 있는 서로 가까운 선들에 새김을 할 경우 선과 선 사이의 벽이 쉽게 부서질 수 있기 때문에 힘을

삼각 새김

삼각형 모양으로 잘라 내는 새김은 선을 따라 하는 새김과 함께 나무에 장식하는 가장 전통적인 방법이다. 이 문양의 모양은 삼각형이다. 기본적인 모양은 90° 각도로 이뤄진 두 개의 새김과 35° 각도로 이뤄진 하나의 새김으로 만들어진다. 나는 이것을 '단면 삼각 새김'이라고 부른다. 그리고 이렇게 90°로 새겨진 측면에는 깊은 그림자가 나타난다.

다른 형태를 가진 '삼면 삼각 새김'은 가운데 부분이 가장 오목하고 깊다. 이것은 세 개의 90° 각도 새김과 세 개의 45° 각도 새김으로 만들어진다. 또한, 삼각형은 다른 길이의 면들을 가질 수도 있고, 심지어 구부러진 모양일 수도 있다. 이 삼면 삼각 새김을 원으로 배치하면 태양을 뜻하는 원 모양이 되거나 또는 장미 모양 구성 요소가 될 수 있다.

삼면 삼각 새김(Three-sided triangle chip) 중심에서부터 90° 각도로 새김을 시작한다. 먼저 칼끝을 중앙부에 대고 나무 속으로 눌러 칼날 모서리가 삼각형의 바깥 경계선에 닿으면 누름을 멈춘다. 이때 삼각형의 가운데가 새김이 가장 깊고 바깥 경

계선으로 갈수록 점점 얇아진다. 이제 새김의 각도를 45°로 바꿔서 이전에 90°로 새겨 놓은 곳까지 칼날 모서리를 넣어 나무를 자른다. 이때 삼각형의 중심을 향해 동일한 깊이와 각도로 자른다.

만약 90° 새김을 45° 새김보다 조금 더 깊게 하면 칩이 쉽게 빠져나오고 면이 멋지고 깔끔해진다.

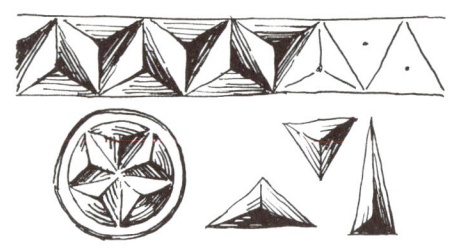

삼면 삼각 새김의 다른 예들

손톱 새김

이 문양은 간단하고 빠르게 만들 수 있다. 이 손톱 모양의 문양은 9세기경 노르웨이의 오세베리(Oseberg) 고고학 소장품들 중에서 찾아볼 수 있다. 각 문양의 길이는 약 12mm이고 문양과 문양 사이에 일정한 간격으로 좁은 경계면을 남긴다. 손톱 새김을 할 때는 파일(Pfeil: 또는 페일) 사의 스트레이트 가우지(No.9/5mm)를 사용한다. 이 가우지는 모서리를 둥글게 가공해 90° 각도로 새김을 할 때 나무 속으로 충분히 깊게 들어갈 수 있다.

첫 번째 단계에서는 가공된 가우지를 블랭크 면에 90° 각도로 새김한다. 이때 새김은 10~12mm 간격으로 줄 맞춰 반복한다. 그런 다음 처음 새김한 곳으로 돌아가 손톱 모양의 문양을 파낸다. 이 문양 파내기 단계를 위해 한 손을 가우지의 날 모서리 가까이 잡고 블랭크 위에 지지한다. 다시 정리하자면 먼저 블랭크 면에 90° 각도로 새김을 한 후 가우지를 조심스럽게 밀어 나무를 파내고, 다음 파내기를 하는 동안 이전 파내기와 수평을 맞춘다.

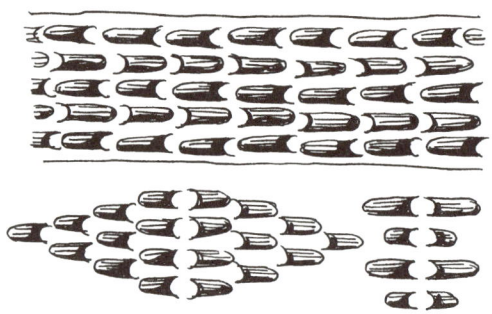

가우지의 움직임을 짧게 또는 길게 하여 새김의 길이를 조절할 수 있다. 문양의 크기에 따라 다른 너비의 가우지로 변경한다. 만약 손톱 새김으로 작업물의 표면 전체를 장식한다면, 새김이 되지 않은 각 경계면의 여백들이 전체적인 느낌을 더해 준다.

얕은 깊이 부조 조각

나무 표면을 몇 밀리미터의 낮은 층으로 깎아 내어 둘러싼 형태나 문양을 말한다. 그리고 이 기법은 멋진 그림자 효과가 더해져 조각을 역동적으로 보이게 한다.

우선 칩 카빙 나이프를 사용해 사각의 윤곽선을 안쪽으로 45° 각도로 새긴다. 그다음 가운데 조각의 경계선에서 윤곽선 쪽을 향해 역시 45° 각도로 새기는데 가능한 한 힘을 주어 깊게 새긴다. 그런 다음 스트레이트 가우지(No.3/14mm)를 사용하여 칩 카빙 나이프로 새김한 두 곳 사이를 새김된 깊이만큼 평평하게 깎는다. 이때 만약 블랭크를 쪼개서 사용했다면, 섬유질 역시 곧을 것이다. 이럴 경우는 양쪽 방향에서 바닥 면을 깎을 수 있다. 가우지를 쥐지 않은 손의 엄지를 사용해서 가우지의 날 경사면을 나무 표면에 눌러 마찰력을 증가시킨다. 그리고 윤곽선을 향해 바닥 면을 깎을 때 자칫 가우지가 윤곽선을 넘지 않도록 주의한다.

마지막으로 가운데 부분의 조각을 강조하기 위해 주위 바닥 면에 문양을 넣는다. 예를 들어, 칼끝을 이용해 작은 자국을 찍거나 펀치, 각인 등을 사용해 재미있는 문양을 만들어도 좋다.

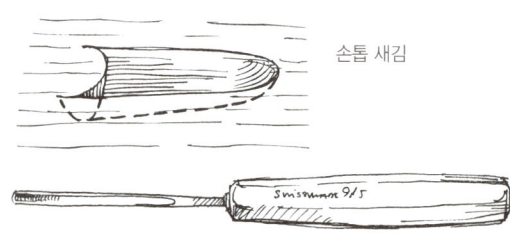

손톱 새김

모서리를 둥글게 가공한 스트레이트 가우지(No.9/5mm)는 손가락 모양을 닮았다. 이 형태는 최고의 손톱 새김 문양을 만든다.

문자와 숫자 새김

서명, 이름, 연도, 날짜, 격언, 시 등은 슬로이드의 문구를 특별하게 만든다. 문자는 작업자가 얼마나 넓고 깊은 새김을 원하느냐에 따라 선과 삼각형을 새김하는 것과 같은 방법으로 작업한다. 문자의 각 부분을 선 새김으로 어떻게 바꿀지를 이해하기 위해 좋아하는 글꼴을 연구하자.

문자와 숫자를 구성하는 선의 시작과 끝은 3가지 방법으로 끝맺음할 수 있다. 블록 글자와 같은 산세리프(Sans serif)체는 각 문자의 끝단에서 스톱 컷이 필요하다. 선 끝의 뾰족한 두 모서리는 한 지점에서 두 개의 새김이 함께 나와 만든다. 또한, 산세리프체는 선의 처음과 끝부분에 삼각형 칩이 만들어진다.

바이킹 브레이드(Viking braid: 바이킹이 사용했던 장식용 끈) 그리는 다섯 단계

단면 또는 삼면 삼각 새김에 대한 다양한 종류의 아이디어. 삼각형의 꼭지 부분을 상쇄하거나 약간의 변형을 주는 것만으로도 전체적으로 큰 차이를 만든다.

그 밖의 새김 기법들

콜로징(Kolrosing) 이 오래된 기법의 이름은 목탄을 꽃무늬 조각에 대고 문지른 것에서 유래한다. 나무 표면에 여러 개의 얇고 평행한 칼질을 한 뒤, 그 위에 오리나무 껍질, 안료 또는 커피 찌꺼기로 염색하는 방법으로 아름다운 장식을 얻는 간단한 기법 중 하나이다. 나무 표면에 45° 각도로 칼질을 한다.

스그라피토(Sgraffito) 칠이 된 표면을 새김하면 칠 밑에 감춰져 있던 나무가 드러나는데, 이것은 벽화를 그리는 기법인 스그라피토와 동일한 효과를 낸다. 이렇게 표면을 새김한 곳에 다른 색이나 린시드 오일로 마감한다.

피어스드 데코레이션(Pierced decoration) 예를 들어, 숟가락의 손잡이와 같이 얇은 부분에 원하는 밑그림을 그린 후 구멍을 뚫는다. 그런 다음 그 구멍에 실톱을 넣어 밑그림대로 자른다. 마지막으로 얇고 좁은 칼날을 사용해 잘라 낸 곳의 면과 모서리를 깔끔히 다듬는다.

생동감 있고 즐거우며 아름다운 칩 카빙을 위해서는 새김 기법과 함께 프리핸드 드로잉(Freehand drawing)을 연습해서 모양의 정확성, 비율, 선의 새김, 균형 및 여백이 주는 공간감을 판단하고 새김할 수 있는 실력을 길러야 한다. 눈금자나 그래프 용지를 사용하는 것은 창의력에 도움이 되지 않는다!

슬뢰이드를 위한 다양한
나이프 그립

Knife grips

이번 장에서는 이 책에 등장하는 프로젝트를 수행하기 위해 필요한 나이프 그립을 정리했다. 나무 표면을 능숙하게 깎기 위한 나이프 그립은 칼질의 통제, 힘의 세기, 안전의 3가지 요소를 포함한다. 전통적인 슬뢰이드에서는 작업물 표면의 길고 매끄러우며 끊어짐 없이 이어진 경사면도 디자인의 일부분이다.

날 경사면이 오목한 칼은 날이 나무에 단단히 눌렸을 때 안정된 칼질을 할 수 있다. 칼질을 할 때는 일반적으로 칼날 밑에서부터 끝으로, 또는 그 반대의 순서로 진행하며 이때 칼날 모서리는 나무를 베듯이 깎는다. 그렇지 않고 강한 힘으로만 칼날을 나무에 밀어 넣는 것은 비효율적이며 에너지를 낭비하는 일이다.

많은 양의 나무 제거하기, 형태 잡기, 깔끔하게 깎기 그리고 플래닝Planing: 여기서는 한 번의 강한 칼질로 평평하고 균일한 표면을 만든다는 뜻으로 쓰인다.과 같은 여러 가지 깎기에 대한 다양한 나이프 그립이 있다. 어떤 그립은 칼날 모서리가 작업자의 몸 쪽을 향하기도 하고, 또 다른 그립은 작업자의 몸에서부터 바깥쪽을 향하기도 한다. 만약 풀 그립이나 캔 오프너 그립처럼 그 자체에 정지 기능이 포함된 그립들을 사용한다면, 몸 쪽을 향해 칼질하는 것이 안전하다. 이러한 그립들을 꾸준히 연습하다 보면 작업자는 나무에 원하는 칼질을 할 수 있다는 자신감을 얻게 되고, 안전하게 작업하는 방법을 터득하여 칼에 베이지 않는다.

파워 그립을 할 때는 나무를 베고 나온 칼을 안전하게 멈춰야 한다. 이때 칼이 허공을 가르면서 속도를 모두 소진하여 몸에 상처 내지 않고 멈추게 한다! 칼질을 하기 전에 칼의 진행 방향을 미리 생각해 보고 칼질을 안전하게 멈출 방법을 찾을 때까지 몸의 관절과 칼의 각도를 조정하자.

모든 나이프 그립을 할 때는 더 나은 칼 제어법과 효과적인 힘 쓰기를 위해 양손과 팔의 관절을 고정하고 몸에 밀착시킨다. 만약 칼질할 때 순간적으로 안전하지 않다는 느낌이 든다면, 그것은 정말 안전하지 않은 것이니 주의한다.

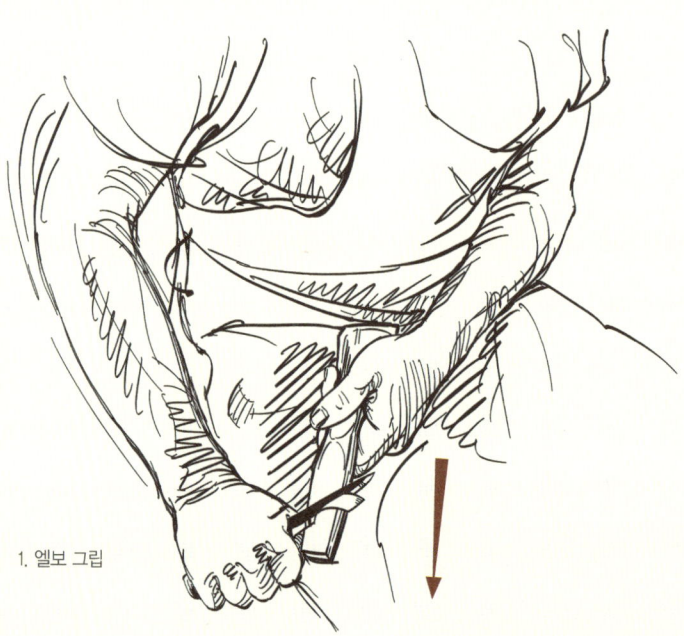

1. 엘보 그립

힘의 방향

밀어 깎기 그립

1. 엘보 그립(Elbow grip)
칼질 방향 – 몸에서부터 바깥쪽으로
손바닥 방향 – 아래쪽
칼질 유형 – 나무 제거

　칼날 근처까지 손잡이를 잡는다. 그리고 팔꿈치를 구부린 채로 아래쪽으로 블랭크를 베기 시작한다. 이때 팔은 부드럽고 견고하게 움직이며 곧게 편다. 칼끝이 몸 쪽을 향하게 칼을 살짝 틀고, 칼날 밑에서부터 끝으로 베듯이 민다. 이 과정에서 블랭크를 다리의 측면이나 몸통에 대고 지지할 수 있다. 이것은 가장 일반적인 그립 중 하나이다.

2a. 파워 그립(Power grip)
칼질 방향 – 몸에서부터 바깥쪽으로
손바닥 방향 – 몸 쪽
칼질 유형 – 많은 양의 나무 제거, 플래닝과 비슷함.

　칼날 근처까지 손잡이를 잡은 후 칼끝 각도를 몸 쪽으로 살짝 튼다. 그리고 팔을 곧게 편 상태로 시작한다. 등에서 힘을 얻기 위해 어깨를 들어 올린 후 상체를 아래쪽으로 기울이면서 매끄럽고 견고한 동작으로 한 번에 수직으로 내려 깎는다. 이 그립을 사용하는 또 다른 방법(2b)은 블랭크를 초핑 블록 위에 지탱해 깎는 것이다. 이때 칼을 쥔 손이 초핑 블록과 부딪혀 다치는 것을 막기 위해 블랭크를 초핑 블록의 가장자리에 올려놓는다. 이것은 많은 양의 나무를 안전하게 제거하기 위한 강력한 그립이다.

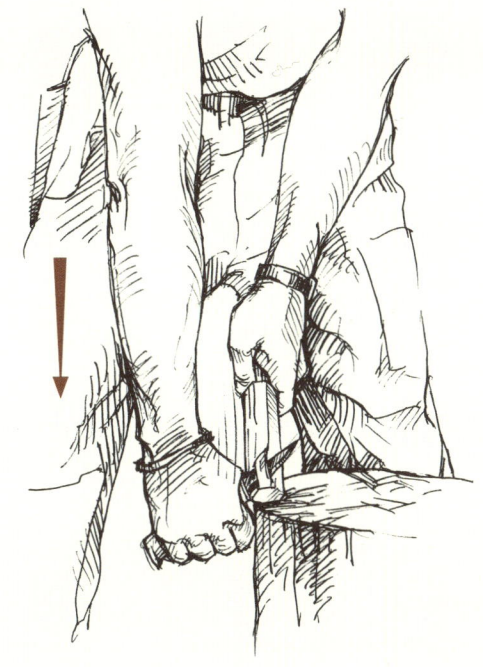

2b. 초핑 블록 위의 파워 그립

3. 니 그립(Knee grip)
칼질 방향 – 칼을 무릎에 고정하고 블랭크를 뒤쪽으로 당겨 깎음.
손바닥 방향 – 아래쪽
칼질 유형 – 나무 제거, 플래닝과 비슷함.

　칼 쥔 손의 엄지 아래 부분을 무릎 바로 아래의 오목하게 들어간 부분에 댄다. 이것은 칼을 고정하는 그립으로, 칼이 움직이는 대신 블랭크를 작업자 쪽으로 당겨 깎는다. 안전하고 통제된 그립이다.

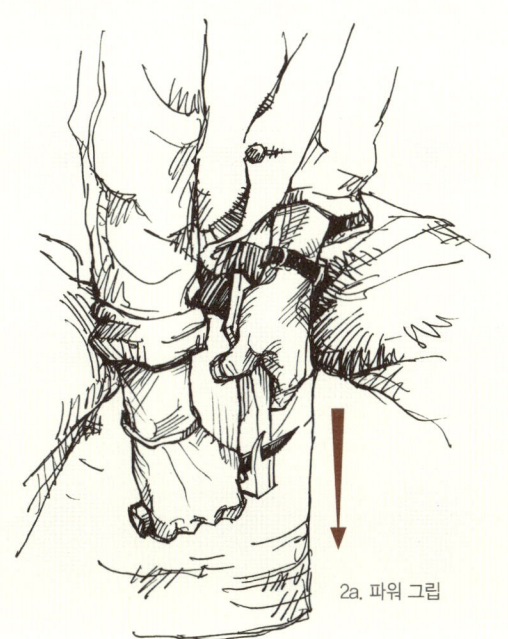

2a. 파워 그립

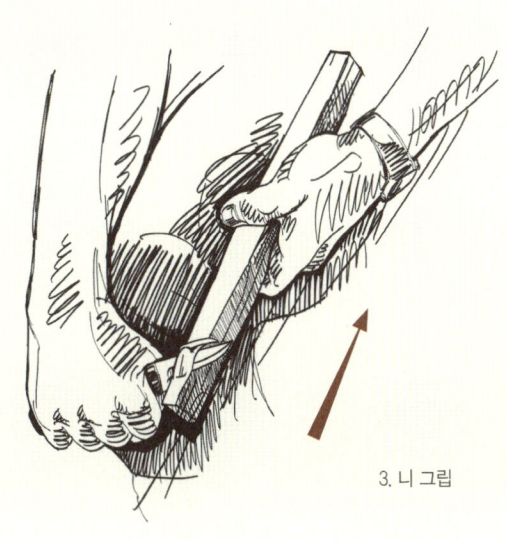

3. 니 그립

4a. 시저 그립(Scissor grip)
칼질 방향 – 몸에서부터 바깥쪽으로
손바닥 방향 – 위쪽
칼질 유형 – 많은 양의 나무 제거, 플래닝과 비슷함.

한 손에는 블랭크를, 다른 한 손에는 칼을 쥐고 칼날 모서리는 바깥쪽을 향하게 한다. 그리고 양쪽 엄지손톱이 위쪽을 향하게 한다. 그리고 칼과 블랭크를 벌린 가위 형태로 만들어 가슴 앞에 댄다. 칼질을 하는 동안 양손의 손가락들을 가슴에 대고 눌러야 한다. 블랭크와 칼을 양쪽으로 당겨 깎는 동안 칼날 밑에서부터 끝까지 사용하여 블랭크를 벤다.

칼질을 시작할 때는 먼저 양쪽 어깨를 몸 안쪽으로 구부리고 동시에 가슴을 밀어 넣는다. 가슴은 등으로부터 전달된 힘을 사용하기 위한 중심점 역할을 한다. 그런 다음 가슴을 앞으로 내미는 동시에 어깨를 편다. 이때 두 아래팔(팔꿈치부터 손목까지의 부분)은 가슴을 따라 양쪽으로 미끄러진다. 칼질을 하는 동안 이와 같은 과정을 계속 반복한다. 이 그립은 강한 힘을 쓸 수 있으며, 칼질을 빠르게 멈출 수 있다.

4b. 시저 그립 위드 섬 푸시(Scissor grip with thumb push)
칼질 방향 – 몸에서부터 바깥쪽으로
손바닥 방향 – 위쪽
칼질 유형 – 나무 제거, 형태 만들기

이 그립은 4a 시저 그립과 동일하지만, 추가적으로 블랭크를 쥐고 있는 손의 엄지를 칼등에 대고 앞으로 밀면서 깎는다. 이 과정에서 시저 그립처럼 두 아래팔이 가슴을 가로질러 양쪽으로 미끄러지지는 않는다. 엄지가 칼날을 미는 동시에 가슴은 중심점 역할을 한다. 시저 그립보다는 작은 호를 사용하며 안전하고 통제된 그립이다.

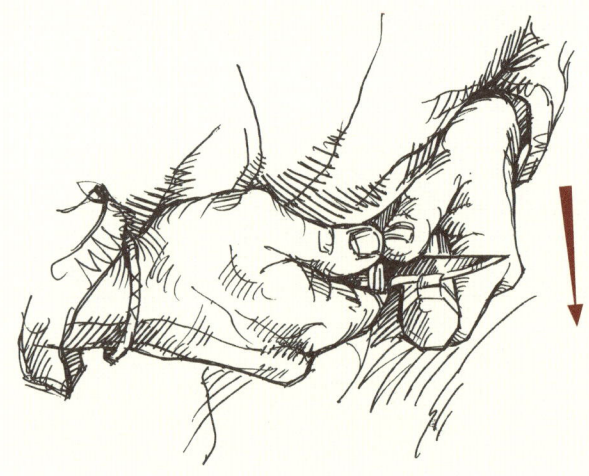

4b. 시저 그립 위드 섬 푸시

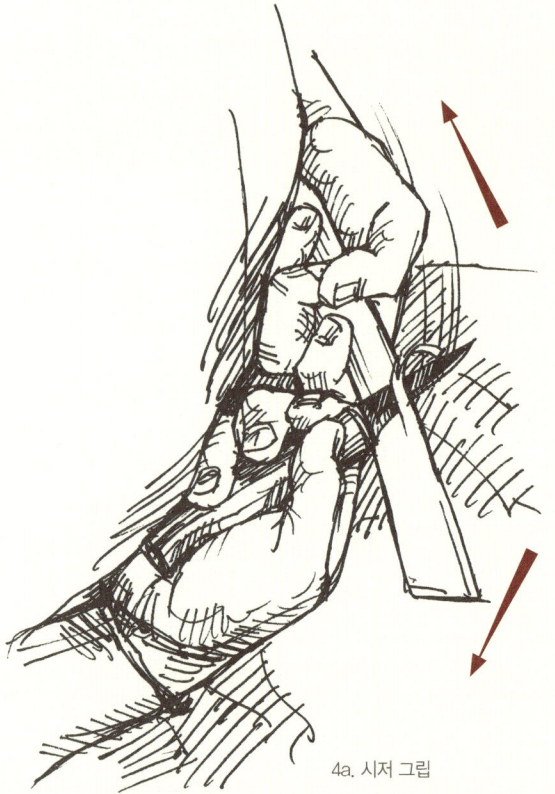

4a. 시저 그립

5. 섬 그립(Thumb grip)
칼질 방향 – 몸에서부터 바깥쪽으로
손바닥 방향 – 아래쪽
칼질 유형 – 형태 만들기, 매끄럽게 면 다듬기

블랭크를 쥔 손의 엄지는 칼등을 밀며 칼질하는 동안 중심점으로도 작용한다. 이때 칼날 모서리는 바깥쪽을 향한다. 칼질은 두 개의 과정으로 이뤄진다.

첫 번째는 칼날 밑에서부터 끝으로 움직이며 블랭크를 벤다. 두 번째는 칼날과 칼 손잡이가 만나는 지점에 엄지를 대고 지렛대처럼 사용하며 동시에 팔꿈치가 바깥에서 몸 쪽으로 회전한다. 이때 칼은 중심점에 지지가 되어 블랭크를 벨 수 있다. 이 그립은 칼날의 각도를 미세하게 조절할 수 있고 매끄러운 표면을 마감하는 데 좋다.

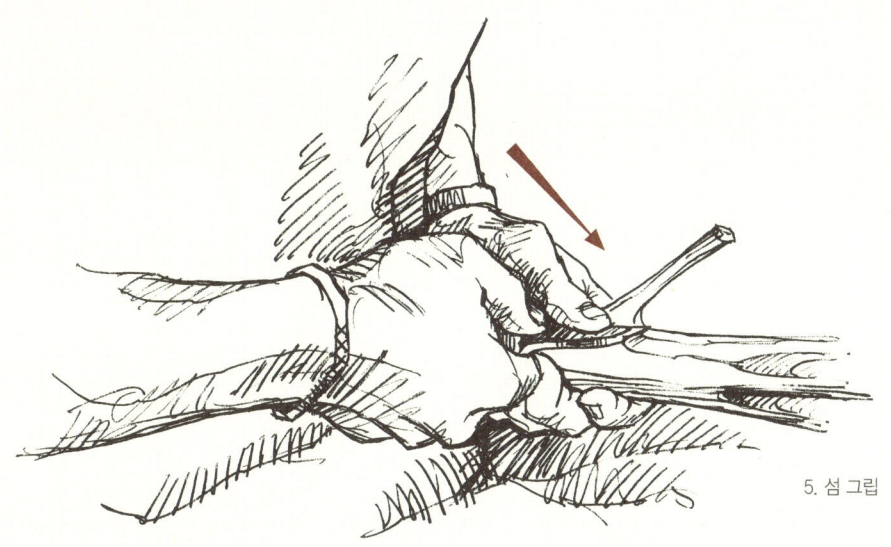

5. 섬 그립

6. 스큐 그립(Skew grip)
칼질 방향 – 몸에서부터 바깥쪽으로
손바닥 방향 – 위쪽
칼질 유형 – 나무 제거, 매끄럽게 면 다듬기, 플래닝

손바닥이 위쪽을 향하게 칼을 잡고 칼날 모서리는 바깥쪽을 향하게 한다. 칼끝을 몸 쪽으로 틀고 칼을 앞으로 밀며 블랭크를 베듯이 깎는다. 이때 칼질의 세기를 조절하기 위해 손바닥 옆면을 블랭크에 대고 민다. 칼 쥔 손의 팔뚝을 몸에 바짝 붙이고 팔꿈치를 앞으로 밀어 깎는다.

당겨 깎기 그립

7a. 풀 그립(Pull grip)
칼질 방향 – 바깥에서 몸 쪽으로
손바닥 방향 – 몸 쪽
칼질 유형 – 나무 제거, 형태 만들기, 매끄럽게 면 다듬기

한 손으로 블랭크의 한쪽 끝을 잡고 반대쪽 끝은 가슴에 댄다. 칼 쥔 손의 엄지는 칼 손잡이 위에 올리고 칼끝을 바깥쪽으로 기울인다. 손목을 고정하고 칼날 경사면을 블랭크에 대고 누르면서 칼날 밑에서부터 끝으로 베듯이 깎는다.

칼질하는 동안 팔꿈치와 팔뚝을 옆구리에 붙이고, 그들 사이의 마찰력으로 미끄러짐을 조절하여 안전을 확보한다. 이 그립은 칼날이 블랭크를 베고 빠져나올 경우 엄지 아래 손바닥이 칼날보다 먼저 가슴에 닿으면서 칼질이 안전하게 멈춘다.

이것은 몸 쪽으로 칼질하는 방법 중 가장 일반적으로 사용하는 그립이며, 통제된 상태로 긴 칼질을 할 수 있다.

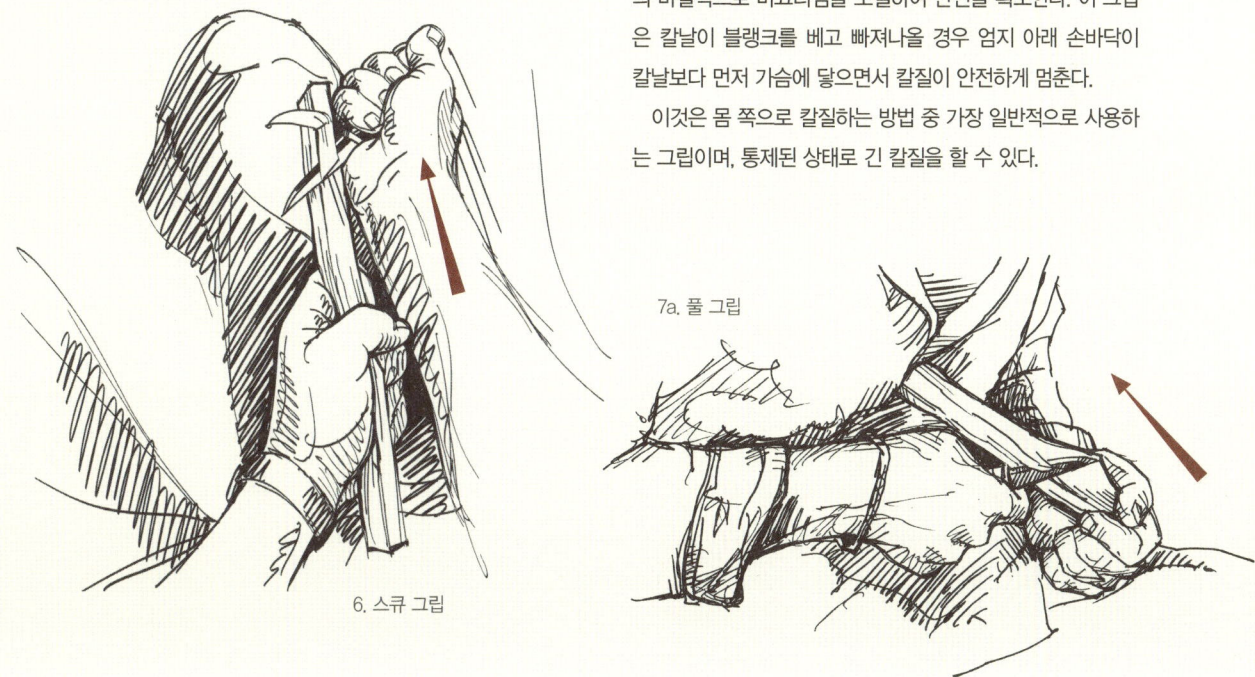

6. 스큐 그립

7a. 풀 그립

7b. 가이디드 풀 그립(Guided pull grip)
칼질 방향 – 바깥에서 몸 쪽으로
손바닥 방향 – 아래쪽
칼질 유형 – 형태 만들기, 매끄럽게 면 다듬기

풀 그립의 변형으로, 칼을 쥐지 않은 손의 손가락으로 칼등을 함께 밀어 주는 그립이다. 풀 그립처럼 블랭크의 끝단을 잡는 대신 블랭크 중간 부분이 손바닥에 놓이게 잡는다. 그런 다음 손가락을 칼등에 대고 힘을 더해 민다. 이때 안전을 위해 칼날과 블랭크를 쥔 손 사이에 여유 공간을 확보한다.

이 그립은 풀 그립보다 칼질 거리가 짧으며 정확하고 안정적인 칼질을 위해 손가락으로 밀어 추가적인 힘을 얻는다. 예를 들어, 블랭크의 휘어진 부분을 정확히 따라가며 깎아야 할 때 그 곡선에 맞게 칼을 돌려야 한다. 이때 손가락은 칼을 따라가며 칼질에 안정감과 힘을 더한다. 또한, 손가락으로 칼등을 미는 대신 칼 쥔 손의 손가락을 밀기도 한다.

음 칼을 몸 쪽으로 움켜쥐듯 잡아당기는 동시에 엄지는 블랭크를 밀어내고 칼날 밑에서부터 끝으로 감자 껍질 벗겨 내듯이 깎는다. 이 과정에서 칼날은 엄지를 지나 미끄러지면서 더 길게 칼질할 수 있다. 이때 긴 칼질을 위해 어깨와 팔꿈치 그리고 팔뚝을 뒤로 움직여 필요한 힘을 얻고 칼질을 조절한다. 모서리를 깔끔하게 깎기 위해 절단 각도를 유지한 상태로 칼날을 블랭크 속으로 밀어 넣는다. 이때 만약 칼날을 세로 방향으로 더 기울여 칼질하면, 그만큼 더 쉽게 끝 단면 모서리를 깎을 수 있다.

이 그립을 약간 변형시킨 일반적인 방법으로는 칼 쥔 손의 엄지를 블랭크 면에 대고 좀 더 세게 눌러 넣는 것이다. 이때 칼끝은 몸 바깥쪽으로 기울인 후 칼날 밑에서부터 끝으로 베듯이 깎는다. 그리고 칼 쥔 손의 손가락들을 잡아당겨 엄지 옆으로 지나가게 한다.

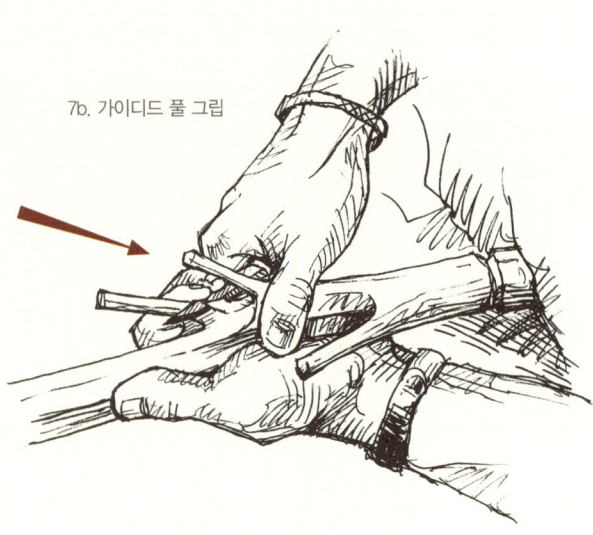

7b. 가이디드 풀 그립

8. 섬 스큐 그립(Thumb skew grip)
칼질 방향 – 바깥에서 몸 쪽으로
손바닥 방향 – 아래쪽
칼질 유형 – 형태 만들기, 매끄럽게 면 다듬기

칼 쥔 손의 엄지 쪽으로 칼질을 하며 나무 끝 단면과 모서리 깎기에 이용한다. 이 그립에서 칼 손잡이는 손바닥과 손가락이 만나는 곳에 놓이고, 이것은 칼질하는 전체 과정 동안 칼을 잡아당길 수 있다. 특히, 날카롭게 각진 모서리와 거친 나무 끝 단면을 깎을 때 유용하다. 이때 칼질의 각도는 블랭크 면에 45°, 몸에 45° 각도로 유지한다. 그리고 칼날에 손이 베이지 않도록 칼 쥔 손의 엄지를 블랭크 뒤쪽에 확실하게 댄다. 그런 다

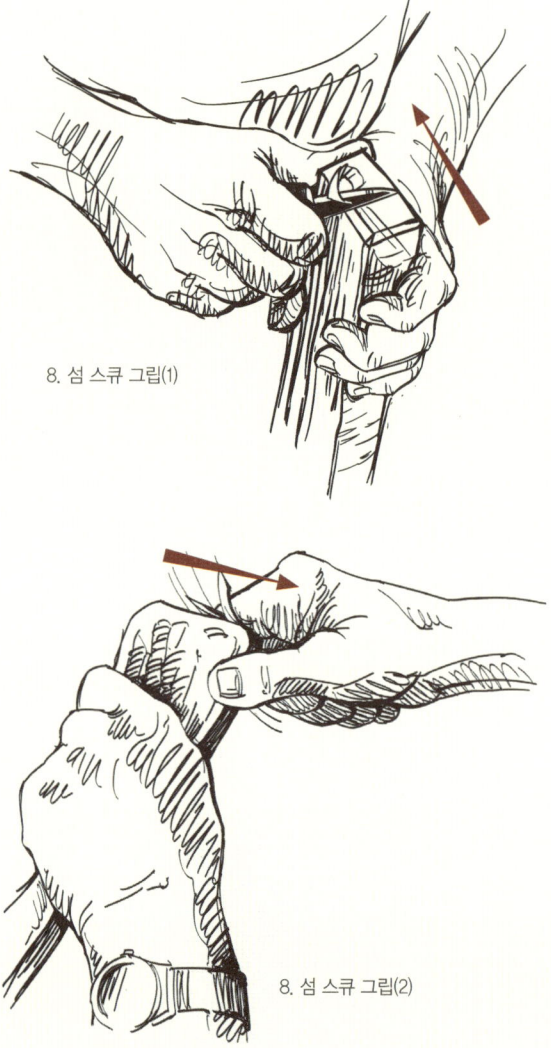

8. 섬 스큐 그립(1)

8. 섬 스큐 그립(2)

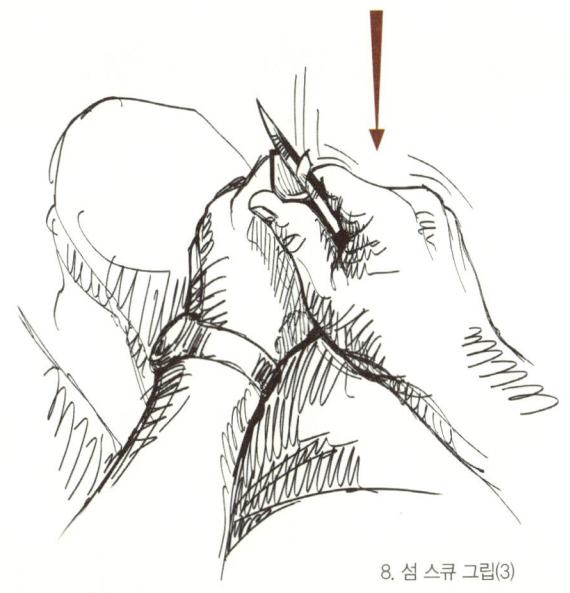

칼질의 마지막 단계에서 칼 쥔 손의 검지가 블랭크 밑면에 닿았을 때 칼질은 안전하게 멈추고, 이것은 결과적으로 엄지를 보호한다. 그려진 뚜껑 선을 따라 깎으면서 그때마다 엄지의 위치를 바꾼다. 이러한 반복적인 칼질은 깡통 따개로 깡통 뚜껑을 따는 동작과 매우 흡사하다. 이 과정에서 호를 그리지 않고 엄지 쪽으로만 칼을 잡아당기는 것은 잘못된 방법이다. 이러한 방법은 칼질에 힘을 떨어뜨리고 검지를 사용해 멈추지 못하기 때문에 자칫 엄지를 크게 베일 수 있다.

캔 오프너 그립은 어려운 그립이긴 하지만 가장 강력하고 유용한 그립 중 하나인 것은 분명하다. 또한, 그려진 선을 보며 계속 작업할 수 있기 때문에 원하는 곳을 정확히 깎기 쉽다.

8. 섬 스큐 그립(3)

9. 캔 오프너 그립(Can opener grip)

칼질 방향 – 바깥에서 몸 쪽으로
손바닥 방향 – 아래쪽, 손가락을 움켜쥐듯이
칼질 유형 – 많은 양 또는 소량의 나무 제거, 형태 만들기, 매끄럽게 면 다듬기

이 그립은 깡통 따개의 지렛대 원리와 힘을 기반으로 한다. 엄지는 깡통의 테두리에 부착되는 깡통 따개의 훅과 같은 역할을 한다. 칼을 쥐지 않은 손으로 블랭크의 한쪽 끝을 잡고 반대쪽 끝은 배에 댄다.

칼 손잡이의 등 쪽이 손바닥과 손가락이 만나는 지점에 놓이도록 칼을 잡는다. 이때 검지는 손잡이에서 약 5~6mm 위쪽에 위치하고, 칼날은 엄지손톱을 제외한 나머지 손톱들과 일직선으로 정렬한다. 그리고 칼 쥔 손의 엄지는 블랭크 길이 방향과 90° 각도로 위치한다. 그리고 이렇게 위치한 엄지는 칼질의 중심점이 된다.

이제 위쪽을 향해 칼날 끝에서부터 밑으로 블랭크를 베고 뚜껑 형태에 맞춰 칼을 약간씩 돌리며 깎는다. 맨 처음 칼날이 블랭크와 접촉하면 블랭크를 베듯이 칼날을 위쪽으로 움직이며 깎는다.

이때 칼 쥔 손은 반원 형태로 호를 그리며 움직이고 칼질의 마지막 단계에서 칼끝은 코를 향할 것이다. 이 그립에서 블랭크를 깎는 힘은 팔꿈치와 어깨가 호를 그리며 칼을 위쪽으로 미는 것과 함께 엄지 쪽으로 손을 움켜쥐는 두 가지 행동에서 비롯된다.

9. 캔 오프너 그립

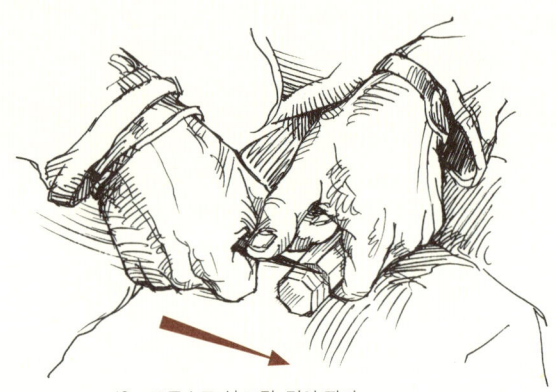

10a. 크로스드 섬 그립, 밀어 깎기

10. 크로스드 섬 그립(Crossed thumb grip)
칼질 방향 – 상황에 따라 다름.
손바닥 방향 – 손가락을 움켜쥐듯이 아래쪽을 향함.
칼질 유형 – 형태 만들기, 매끄럽게 면 다듬기

이 그립은 캔 오프너 그립과 섬 그립을 기반으로 하는데 처음에는 밀어 깎고(10a), 그 다음은 당겨 깎는(10b) 식으로 블랭크에 칼질 방향을 다르게 할 수 있다. 특히, 곧은결과 엇결이 만나는 부위를 오목한 형태로 매끄럽게 깎을 때 유용하다.

10a. 밀어 깎기(Pushing)
손가락과 손바닥이 만나는 지점에 칼 손잡이의 등이 놓이도록 칼을 잡고 검지를 칼 손잡이에서 약 5~6mm 떨어진 칼등 위에 놓는다. 이때 칼날 모서리는 엄지를 제외한 나머지 손가락의 손톱들과 일직선으로 정렬한다. 그리고 칼 쥔 손의 엄지를 펴서 블랭크에 대고 중심점으로 사용한다.

칼날 끝에서부터 밑으로 움직이며 블랭크를 베듯이 가로지른다. 이 과정을 위쪽에서 내려다보면 칼은 블랭크에 90° 각도로 움직인다. 이 과정에서 블랭크를 깎는 힘은 엄지를 중심으로 호를 그리며 움직이는 어깨와 팔꿈치에서 나온다. 동시에 다른 손의 엄지를 칼등에 대고 힘을 가한다. 이렇게 가해진 힘은 칼날 경사면과 블랭크 사이의 마찰을 증대시키고 결과적으로 칼질을 조절하는 데 도움을 준다.

캔 오프너 그립 때와 마찬가지로 칼 쥔 손의 검지가 칼질의 마지막 단계에서 블랭크와 만나 칼의 진행을 안전하게 멈춘다.

10b. 당겨 깎기(Pulling)
밀어 깎기 단계가 완료되면 칼날의 가장 밑부분이 블랭크와 닿는다. 이 상태에서 칼등에 놓인 엄지를 그대로 두고 칼날 모서리가 바깥쪽을 향하게 칼을 뒤집는다.

그런 다음 팔꿈치와 어깨를 뒤쪽으로 당기면서 이번에는 밀어 깎기와는 반대로 칼날을 밑에서부터 끝으로 움직이며 베듯이 깎는다. 이때 블랭크를 쥔 손의 엄지도 칼의 움직임과 동시에 칼등을 밀어 칼날 경사면이 블랭크 속으로 좀 더 수월하게 파고들 수 있게 한다.

이 과정을 위쪽에서 내려다보면 밀어 깎기를 할 때와 마찬가지로 칼날은 블랭크를 90° 각도로 가로지르며 베어 낸다. 이렇게 당겨 깎기의 과정이 끝나면 시작 위치로 돌아가 다시 밀어 깎기와 당겨 깎기를 반복한다.

모든 나이프 그립에서는 칼날 모서리가 나무를 베면서 밀고 들어가는 것이지 단순히 나무를 미는 것이 아니다.

이 그립은 손잡이나 페그에 V 홈이나 경사를 만들 때 매우 유용하다. 그리고 V 홈을 깎을 때는 릴리프 컷을 먼저 한다. 이를 위해 먼저 톱날을 V 홈이 만들어질 곳의 중심에 놓는다. 이때 톱날의 각도는 블랭크 길이 방향에 90°로 위치하고 수직으로 세워 톱질한다. 만약 팔각형으로 만든 블랭크의 모든 면에 홈을 낼 경우, 먼저 연필을 사용해 각 면에 선이 바르게 연결되도록 그린 다음 톱질한다. 그리고 톱질된 곳을 중심으로 양쪽에서 원하는 각도의 홈을 깎는다. 깊은 홈을 만들 때는 원하는 깊이가 될 때까지 밀어 깎기와 당겨 깎기를 반복한다. 이 그립을 사용해 좀 더 통제되고 효과적인 칼질을 반복하며 V 홈 경사면을 정확히 깎는다.

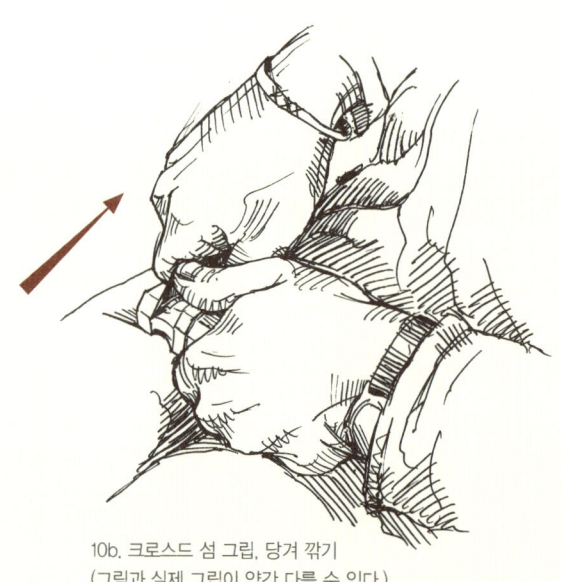

10b. 크로스드 섬 그립, 당겨 깎기
(그림과 실제 그립이 약간 다를 수 있다.)

직선과 구부러진 선의 조합, 단면과 심면 섬긴 새김, 솜플 새김과 구멍 뚫린 장식이 조각된 커다란 샘플 보드

113 슬뢰이드를 위한 다양한 나이프 그립

용어 정리

가드(Guard)
칼 손잡이와 칼날 사이에 있는 보호막으로 손이 칼날 위로 미끄러져 베이는 것을 방지한다.

가우지(Gouge)
날이 있는 도구의 공통적인 용어로 폭은 1~45mm이고 날의 형태는 구부러져 있다. 주로 나무의 속 파내기와 표면 조각 등에 사용한다. 날을 단면에서 봤을 때 구부러진 정도를 스윕(Sweep)이라고 하는데, 수평에 가까운 것부터 아주 깊은 곡선까지 형태가 다양하다(이 책에서는 주로 둥근끌이나 환도를 의미한다.).

그라인드 서포트 스틱(Grind-support stick)
긴 직선 형태의 나무 막대기로 칼날을 고정된 각도로 잡아서 수직 습식 그라인더의 원형 숫돌 위에 밀착시키는 역할을 한다.

그레이닝(Graining)
다양하고 좀 더 비싼 종류의 목재처럼 보이기 위해 나무 표면에 나뭇결을 그려 넣는 기법이다.

그레인(Grain)
나무에 있는 세포 섬유질의 방향이다.

그무개(Markinggauge)
기둥을 따라 이동하고 고정할 수 있는 펜스(Fence)가 달려 있다. 끝이 뾰족한 핀이나 작은 칼날 또는 둥근 모양의 커터(Cutter)가 기둥에 달려 있어 주로 나무 표면을 긁거나 얕게 잘라 내어 작업선을 표시하는 데 사용한다.

나이테
나무의 연간 성장을 알 수 있다. 침엽수의 춘재(Early wood, 봄부터 여름까지 형성된 부분)는 색이 밝으며, 추재(Late wood, 여름부터 가을까지 형성된 부분)는 색이 어둡고 수지(Resin)가 많이 포함돼 있다. 활엽수는 춘재와 추재의 색이 다양해서 서로 다르거나 비슷할 수 있다.

뎁스라인(Depthline)
홈의 깊이를 표시한 선을 말한다.

라베트(Rabbet)
은촉홈으로 나무 판재나 각재의 모서리 면에 오목하게 낸 홈이나 턱이다.

라베트 라인(Rabbet line)
라베트를 표시한 선이다.

라인 레벨(Line level)
철사나 가는 줄에 매달 수 있는 작은 기포관 수준기이다.

래더백 체어(Ladderback chair)
수직 기둥과 그 사이에 수평 가로대가 있는 의자로 칼이나 목선반을 이용해 가공한다. 둥근 형태의 장붓구멍과 장부를 결합해 고정한다. 의자의 등받이 모습이 사다리를 닮아 붙여진 이름이다.

래미네이트(Laminate)
얇게 접착된 층으로 만든 재료. 나무로 래미네이트를 할 경우, 섬유 방향을 따라 가공된 나무를 사용한다. 이는 구부러진 구조를 강하게 만든다.

래스프(Rasp)
가공하는 면이 평평한 것부터 둥근 모양까지 다양한 곡률을 가진 거친 줄이다. 표면에 톱니와 같은 돌기가 있어 주로 나무 표면을 긁어 내거나 모양을 다듬을 때 사용한다.

레이디얼 섹션(Radial section)
수심에서 껍질 쪽으로 자르거나 쪼갠 나무 면이다.

레이크 헤드(Rake head)
나무 갈퀴에서 갈퀴들이 고정되는 부분이다.

루트 마슐(Root masur)
소용돌이치는 섬유질과 작은 '눈'으로 구성되며 마슐과 같은 나무 구조로 뿌리에 얽혀 성장한다. 자작나무, 오리나무, 사시나무, 갯버들, 피나무에서 보이며 이외 다른 나무들에서도 볼 수 있다.

리녹신(Linoxyn)
린시드 오일이 산화되고 마르면서 형성되는 단단하고 강한 물질로 산소와 결합하여 화합물을 형성한다.

마블링(Marbling)
대리석 표면의 느낌을 모방하는 오래된 페인팅 기법이다.

마슐(Masur)
나무껍질에 어두운 띠가 있는 자작나무의 일종으로 불규칙적이고 구불구불한 섬유질로 되어 있으며 단단하고 복잡하게 얽혀 있다.

벌 블랭크(Burl blank)
제재된 한 토막의 벌로, 강한 섬유 구조를 가진 나무 부위이다.

베벨(Bevel)
비스듬한 모서리를 말한다.

베벨 페이스(Bevel face)
칼날을 수직 그라인더의 원형 숫돌 위에서 가공할 때 연마 부위에 형성되는 약간 오목하게 들어간 면을 말한다.

브레이크(Brake)
프로우로 나무를 쪼갤 때 그 일을 돕는 장치이다. 일반적으로 큰 나무의 몸통에서 크로치(Crotch: 두 갈래로 갈라진 부위)를 잘라 만든다. 그리고 크로치에 두 개의 교차된 막대기를 고정한다.
블랭크를 크로치의 갈라진 틈 사이에 세우면 블랭크의 양쪽 측면이 고정되고, 크로치의 질량이 블랭크에 저항을 줘서 쪼개짐을 더 곧게 만든다.

비어 페인트(Beer paint)
도수가 낮은 맥주나 일반 맥주 또는 이와 유사한 성분으로 구성된 바인더에 안료를 혼합한 오래된 유형의 페인트이다.

변재
나무의 바깥 부분을 뜻하며 형성층(Cambium)과 심재 사이를 말한다. 변재는 뿌리부터 잎까지 물과 미네랄을 운반하는 일부 살아 있는 세포를 포함하고 있지만, 대부분의 세포는 죽어 있다. 결국 나중에 성장하는 새로운 변재들에 둘러싸여 심재가 된다.

사이팅(Sighting)
서로 결합될 나무 사이의 각도나 평행을 맞추고 작업물이 직선인지 휘었는지 아니면 둥근지를 눈으로 정렬하는 것이다.

삼각끌(V-tool)
양면이 있는 홈을 깎기 위한 V자 모양의 가우지로 보통 브이 툴이나 삼각도라고도 한다.

섈로 릴리프 카빙(Shallow relief carving)
양각된 모양이나 문양이 있고 그 주변이 오목하게 깎인 바닥 면으로 이루어진 조각 기법이다.

센터펀치(Centerpunch)
쇠판이나 나무에 구멍을 뚫을 때 구멍의 중심을 표시하는 짧은 막대 모양의 금속 수공구로, 한쪽 끝은 원추형으로 날카롭게 생겼다.

쇼트 파이버드(Short-fibered)
나무의 짧은 섬유질을 뜻한다. 이러한 특성을 가진 나무는 부러지기 쉽고 모서리나 가장자리 등이 떨어져 나가기 쉽다. 이러한 유형의 나무로는 귀룽나무, 오리나무 그리고 피나무가 있다.

숄더 스틱(Shoulder stick)
갈고리 모양의 걸이가 있는 구부러진 막대기로 어깨에 걸쳐 사용한다. 어깨 뒤로 넘어간 쪽의 걸이에 바구니나 가방 또는 보따리 등을 걸 수 있다. 굽어 자란 나무의 형태를 이용해 만들며 스틱의 앞 뒤 양쪽으로 걸이가 있는 것도 있다.

수르울레(surolle)
이 책의 저자인 요게 순크비스트의 또 다른 예술적 자아를 말한다.

수심
부드러운 재질이며 때로는 나무줄기의 중심부에 스폰지와 같은 물질로 되어 있다. 종종 이 부분을 심재라고 잘못 일컫는다.

수축통
나무의 몸통이나 뻗은 줄기의 속을 파서 만든 그릇 또는 용기이다.

스그라피토(Sgraffito)
여러 겹의 칠을 한 다음 상단 층을 긁어 하단 층을 드러나게 하는 장식 기법이다.

스무딩 플레인(Smoothing plane)
일반적으로 길이는 10인치 이하, 플레인 날의 너비는 1-1/4 ~ 2-3/8인치로 나무 표면을 매끄럽게 하거나 마감 준비용으로 사용한다.

스큐레트(Skureut)
나무 문양 조각에 사용되는 대중적인 스웨덴 용어로 헬싱란드(hälsingland)와 헬리에달렌(Härjedalen) 지역에서 유래한 방언이다.

스퀵 핏(Squeak fit)
장부가 장붓구멍에 잘 맞아 들어갈 때 둘 사이의 마찰로 인해 끽끽거리는 소리가 나는데 이렇게 꼭 맞게 끼워지는 결합을 뜻한다.

스탬핑(Stamping)
쇠막대기나 단단한 나무의 끝 단면에 양각으로 문양을 새겨 나무나 다른 소재의 표면에 대고 압력을 가해 문양을 옮기는 표면 처리 방식이다.

스텐실
판지 또는 종이에 패턴을 그려 오려 내고 그 구멍에 물감이나 염료를 사용해 디자인을 장식하는 기법이다.

스트레이트 그레인드(Straight grained)
섬유질이 곧고 서로 평행하게 배열된 나무이다.

스트레이트 베벨드(Straight beveled)
칼처럼 양쪽으로 두 개의 동일한 칼날 경사면이 있는 것을 뜻한다. 이와는 다르게 평끌(Chisel) 같은 경우, 하나의 평평한 면과 하나의 칼날 경사면을 가지고 있다.

스트로핑(Stropping)
가죽 끈 또는 나무판에 연마제를 바르고 날카롭게 날을 세우는 작업이다.

스티커 스태킹(Sticker stacking)
판재를 건조시키거나 저장할 때 원활한 공기 순환을 위해 판재 사이에 가로 방향으로 받침목을 쌓는 것을 말한다.

스티플링(Stippling)
갓 칠해진 표면 위를 마른 붓으로 툭툭 치듯이 찍어 칠의 형태를 입상 구조로 만드는 기법이다.

스팀 벤딩(Steam bending)
나무를 구부리거나 건조 시간을 단축시키는 용도로 사용한다. 밀폐된 공간에 최소 85°c 이상의 뜨거운 수증기를 넣어 나무에 열을 가한다.

스푼 가우지(Spoon gouge)
나무를 깎는 부분의 각도가 크게 휘어진 가우지이다.

슬로-그로잉 스프루스(Slow-growing spruce)
다른 나무의 그늘 밑이나 억압된 상태로 긴 시간 동안 느리게 자란 결이 촘촘한 가문비나무로 질기고 부식에 강하며 밀도 높은 나이테를 가진다.

슬릭(Slög)
슬뢰이드(Slöjd)의 어원으로 손재주가 있고 실용적이며 창의적인 것을 의미한다.

심재
나무줄기(몸통)의 안쪽 부분을 뜻한다. 심재는 물과 영양분을 옮길 능력을 상실한 변재 세포로 구성되며 새로운 변재가 대체되어 만들어진다. 일부 나무 종의 심재에 퇴적된 추출물은 심재의 질량과 부식 저항성을 증가시킨다.

쓰리-코너드 칩(Three-cornered chip)
칼끝으로 삼면 삼각 새김을 하는 방법이다.

압축 이상재(Compression wood)
침엽수가 경사지에서 자라면서 발생하는 하부 휘어짐의 바깥쪽 부위에 생기는 이상재이다.

액시얼 섹션(Axial section)
나무토막의 밑바닥부터 꼭대기까지의 표면을 말한다.

엔드 그레인 우드(End-grain wood)
나이테를 가로질러 나무를 잘랐을 때 드러나는 표면으로 보통 나뭇결에 90° 각도이다(일반적으로 마구리라고 표현한다.).

오메가 벤드(Omega bend)
굽어 자란 블랭크의 형태를 묘사하기 위해 만들어진 단어로 그리스 문자 오메가와 모양이 비슷하다고 해서 붙여진 이름이다.

와이어 엣지(Wire edge)
폴리싱이 끝난 절삭 도구의 날 모서리에 제거되지 않고 남아 있는 철 찌꺼기로 버(Burr)와 같은 개념이다.

우드 셰이빙스(Wood shavings)
수공구를 이용해 깎은 나무 부스러기로 보통 사용된 공구에 따라 대팻밥, 칼밥, 도낏밥, 톱밥 등으로 불린다.

우드 치즐(Wood chisel)
길이 방향과 90° 각도의 날을 가지고 있는 직선형의 평면 절삭 공구로 한쪽에만 경사면이 있다.

운드 우드(Wound wood)
상처목으로, 부러지거나 잘린 나뭇가지 부위에서 자란 나무를 말한다.

웨인스콧 보더(Wainscot border)
벽에 두르는 수평 테두리로 주로 실내의 벽지와 웨인스코트 사이의 마감 처리를 위해 사용한다.

이상재
비탈진 곳에서 자라는 나무와 나뭇가지는 기울어진 힘에 대항하여 위쪽을 향해 곧게 성장하려고 하는데 이때 이상재가 발생한다. 일반적으로 밀도가 높고 단단하며 부러지기 쉽고 뒤틀리는 경향이 있다.

인간공학(Ergonomics)
도구, 기계 및 환경을 인간의 육체적, 정신적 조건에 맞게 조정하는 과학이다.

인장 이상재(Tension wood)
활엽수가 경사지에서 자라면서 발생하는 하부 휘어짐의 안쪽 부위에 생기는 이상재이다.

인클루디드 앵글(Included angle)
엣지 앵글(Edge angle)이라고도 하며, 절삭 날의 양면 사이 각도를 말한다.

장부축(Dowel/peg)
통나무집의 통나무들을 서로 잡아 주는 튼튼한 나무 막대기이다. 가로 방향으로 연결되는 장부가 달린 가는 막대기이다.

장선(Joist)
비교적 두꺼운 나무 각재로 건축용 골격으로 사용된다.

잭 플레인(Jack plane)
일반적으로 길이 12~20인치, 플레인 날의 너비는 1-3/4 ~ 2-3/8인치인 서양식 대패이다. 주로 판재 면 고르기의 중간 과정에 사용되며, 날 끝은 중심에서 바깥쪽으로 약간 경사져 있다.

지그(Jig)
작업하는 동안 공구나 작업물을 제 위치에 잡아 주는 장치이다.

척(Chuck)
큰 공구 또는 기계에서 공작물 또는 드릴 비트를 고정하는 셀프 센터링 장치이다.

컬리 파이버드(Curly-fibered)
나무에 줄무늬 모습을 만들며 다양한 방향으로 흐르는 나뭇결이다. 압축을 포함한 여러 가지 원인에 의해 발생할 수 있으며, 나무의 구부러진 부분과 뿌리에서 발견된다.

코터(Cotter)
자물쇠 핀, 또는 부품이 빠지지 않게 박는 핀으로 보통 철로 만든다.

콘벡스(Convex)
바깥쪽으로 균일하게 볼록한 표면을 말한다.

콘케이브(Concave)
안쪽으로 균일하게 오목한 표면을 말한다.

크로스 그레인 우드(Cross-grain wood)
나뭇결이 서로 다른 두 방향으로 흐르는 판재이다.

클램핑 지그(Clamping jig)
뜨거운 수증기나 물에 적신 블랭크가 마르는 동안 특별한 형태로 잡아주는 장치이다.

클린 카브/클린 컷(Clean-carve/Clean-cut)
고르지 못한 부분을 다듬고 모든 나무 표면을 매끄럽고 깔끔하게 마무리하는 것을 말한다.

탄소강(Carbon steel)
철과 탄소의 합금으로 약 1%의 탄소를 함유한 강이다.

탄젠셜 섹션(Tangential section)
플레인 소운(Plain-sawn) 또는 플랫 소운(Flat-sawn) 나무라고도 한다. 나무 끝 단면에서 나이테를 봤을 때 나이테가 가로 방향으로 길게 보이게 자른 판재의 면을 말한다. 이렇게 잘린 판재 면에는 성당 모양(Cathedral shape)의 나뭇결이 만들어진다.

탱(Tang)
목공용이나 금속용 줄 또는 칼날의 손잡이 부분이 가늘고 뾰족하게 연장된 부위를 말한다. 일반적으로 탱은 손잡이 속으로 들어가 고정되는데 종종 손잡이를 관통해서 그 끝을 고정한다.

T-오거/팀버 오거(T-auger/Timber auger)
강철로 만든 트위스트 드릴에 나무 손잡이를 직각으로 끼운 공구로, 나무에 구멍을 뚫을 용도로 사용한다.

파워 핵소 블레이드(Power hacksaw blade)
강하게 열처리된 강철의 쇠톱 날이다.

파이버 세츄레이션 포인트(Fiber saturation point)
세포가 물을 비우고 세포벽이 마르기 시작할 때 나무의 수분 함량이다. 나무 세포가 최대한도의 수분을 흡착한 상태일 때, 일반적으로 수분 함량은 약 25%이다. 수분 함량이 25% 이하로 떨어지면 나무의 부피가 줄어들기 시작하고 균열의 위험이 상당히 증가한다.

펀치(Punch)
용도에 따라 끝이 뾰쪽하거나 뭉뚝한 모양을 가진 강철 공구로, 재료를 가공한다는 의미와 함께 공구 자체를 뜻하기도 한다.

페시트(facet)
경사진 모서리나 면을 말한다.

펜슬 마킹 게이지(Pencil marking gauge)
마킹 게이지와 같은 원리로 작동하며 선을 표시하는 도구로 연필을 사용한다.

폴리싱 페이스트(Polishing paste)
금속의 날을 연마할 때 최종적인 흠집을 제거하는 데 사용하는 페이스트 타입의 연마제이다.

프리커 마크(Pricker mark)
바늘 모양의 금속 도구로 만들어진 오목한 홈이나 자국이다.

플라이어(Plier)
리벳으로 연결된 두 개의 팔이 있는 집게 도구이다.

핑거네일 컷(Fingernail cut)
작은 스트레이트 가우지로 손톱 모양의 문양을 조각하는 방법이다.

하이그로스코픽(Hygroscopic)
습기를 빨아들이는 힘이다.

하프 로그(Halflog)
수심을 기준으로 통목을 반으로 나눈 한 쪽으로, 쿼터는 4등분한 통목의 한 조각이다.

히얼 라기(Hel-lagg)
속이 빈 나무 몸통으로 만든 큰 그릇으로 나무가 마른 후 바닥 안쪽에 턱을 만든 다음, 밑판을 끼워 넣고 나무못을 사용해 고정한다.

히코리(Hickory)
단단하며 무겁고 탄력 있는 나무로 북미에서 자라며 쇠망치, 나무망치, 도끼 등 주로 충격을 받는 공구 손잡이에 탁월하다.

도구 및 재료 공급 업체

도구

Axminster
www.axminster.co.uk
도끼, 자귀, 칼, 드로 나이프를 포함한 모든 종류의 목공 도구를 판매한다.

Lee Valley tools
www.leevalley.com
도끼, 자귀, 칼, 드로 나이프를 포함한 모든 종류의 목공 도구를 판매한다.

Woodcraft
www.woodcraft.com
도끼, 자귀, 칼, 드로 나이프를 포함한 모든 종류의 목공 도구를 판매한다.

Lie-Nielsen Toolworks
www.lie-nielsen.com
드로 나이프와 도끼를 포함한 절삭 도구와 톱을 전문으로 판매하는 공구 제작 회사이다.

Dictum
www.dictum.com
도끼, 자귀, 칼, 드로 나이프를 포함한 모든 종류의 목공 도구를 판매한다.

Tools for working wood
www.toolsforworkingwood.com
드로 나이프, 칼, 조각 공구와 같은 절삭 도구 전문 공급 업체이다.

Highland Woodworking
www.highlandwoodworking.com
도끼, 자귀, 칼, 드로 나이프를 포함한 모든 종류의 목공 도구를 판매한다.

Säterglantans hemslöjd
www.saterglantan.com
우편 및 매장 판매. 가우지, 도끼, 숫돌, 칩 카빙 나이프, 드로 나이프 등 실력 있는 많은 대장장이와 수공구 제작자들의 제품 판매점이다.

Norea Form och snickeri
www.norea.nu
슬뢰이드에 최적화된 셰이빙 홀스를 제작 판매한다. 그로벤(Gråben)이라고 불리는 이 셰이빙 홀스는 분해 조립이 간단하며 이동성이 좋다.

Gränsfors bruk
www.gransforsbruk.com
고품질의 다양한 도끼와 홈파기용 자귀를 생산 판매한다.

Hans Karlssons Klensmide AB
www.klensmide.se
가우지, 도끼, 홈파기용 자귀, 칼날 등을 생산 판매한다.

Svante Djärv Hantverk AB
www.djarv.se
도끼, 가우지, 홈파기용 자귀, 칼, 드로 나이프, 셰이빙 홀스 등을 생산 판매한다.

칠과 마감재료

Gunnar Ottossons färgmakeri
www.ottossonfarg.com
튜브와 캔 타입의 유화 물감, 바니시, 수지 등을 생산 판매한다.

Claessons Trätjära AB
www.claessons.com
다양한 종류의 린시드 오일과 유색 안료, 솔벤트, 타르 등을 생산 판매한다.

국내 업체

후가
blog.naver.com/skogsdraken
슬뢰이드 작업자가 운영하며 슬뢰이드 교육을 진행하고 제품과 그린우드를 판매한다.

파커스 인터내셔널
www.parkers.co.kr
우드카빙용 칼과 도끼 등을 판매한다.

우드툴스
www.woodtools.co.kr
습식 그라인더, 프로우, 조각도, 다이아몬드 숫돌 등 다양한 목공구를 수입 판매한다.

위시스
www.wwisys.com
목공 작업대, 밴드소, 대패 등 다양한 목공구를 수입 판매한다.

공구사랑
www.mok09.co.kr
일본 톱, 대패, 조각도 등 목공용 수공구를 수입 판매한다.

쏘비트
www.sobit.co.kr
다이아몬드 숫돌, 직각자 등 다양한 목공구를 수입 판매한다.

참고 문헌

1700-talsmöbler att snickra själv, Lars Sjöberg, Peter Långberg och Jaqueline Faber, Ica Bokförlag, 2002

Arbete och redskap, Red. Nils-Arvid Bringeus, Gleerups förlag, 1979

Folklig möbelkultur i svenska bygder, Sigurd Erixon, Nordiska Rotogravyr, 1939

Folkliga möbler – tradition och egenart, Johan Knutsson, Nordiska Museets Förlag, 2001

Green Woodwork, Mike Abbott, Guild of Master Craftsman Publications, 1989

Green Woodworking, Lark books, 1987

Kors i kake, skurd i tre – tegn och symboler i folkekulturen, Åsta Østmoe Kostveit, Landbruksforlaget, 1997

Make a Chair from a Tree: An Introduction to Working Green Wood, John D. Alexander, jr. Taunton Press, 1978

Måla som förr – folkligt och friskt, Lena Nessle, Ica Bokförlag, 1992

Målarens material och metoder, Yngve Hande, Bonnier, 1974

Målning och träskydd - en praktisk rådbok, Pontus Tunander, Ica Bokförlag, 1996

Nordiska träd och träslag, Torbjörn Dahlgren, Sven Wistrand och Magnus Wiström, Arkitektur förlag, 1996

Oljemålarens färghandbok, Rosalind Cuthbert, Strömbergs Bokförlag AB, 1994

Rynkor & Bark – skogsträd i ett humanistiskt perspektiv, Linnéa Jägrud. Noatun Förlag, 2015

Røtter - en bok om tre, Red. Albert Steen och Sissel Ree Schjönsby, De norske bokklubbene, 1994

Sagt i trä – trä i finsk skulptur, formgivning och skulptur, Finlands arkitekturmuseum, 1987

Skönt målat – dekorationsmåleri genom tiderna, Lena Nessle och Pontus Tunander, Ica Bokförlag, 1995

Slipboken, Jögge Sundqvist, Gränsfors Bruk, 2015

Slöjdat, snidat och målat, Johan Knutsson, Nordiska Museets Förlag, 1993

The Chairmaker's Workshop, Lark Books 1997, 1998, Drew Langsner,

Till träden, Åsa Ottosson, Mats Ottosson och Roine Magnusson, Votum Gullers Förlag, 2014

Tre träslöjder, Wille Sundqvist, Eskil Naalisvaara och Katarina Ågren, nr 3/72 av tidskriften Västerbotten

Trätradition och slöjdinspiration, Jögge Sundqvist, nr 4/93 av tidskriften Västerbotten

Tälj för kök och trädgård, Jögge Sundqvist, Hemslöjdens förlag, 2012

Tälj! Hannes Dahlrot och Henrik Francke, Natur & Kultur, 2016

Tälja med kniv och yxa, Wille Sundqvist, LTs förlag, 3:e upplagan, 1995

찾아보기

가드	114	
가로대	39, 40	
가우지	2, 42, 56, 69, 95, 102, 114	
가이디드 풀 그립	110	
가죽 숫돌	2, 59, 126	
걸쇠	39, 40	
고속도강	57	
곡삼각도	86	
국자	25	
그라인드 서포트 스틱	114	
그랑스포스 스웨디시 카빙 액스	2, 55	
그레이닝	114	
그레인	114	
그린 우드워킹	49	
그무개	58, 114	
기본 색상 세트	72	
기포관 수준기	42	
꼭지 장식	13, 29	
나무 그릇	79	
나무의 종류	46	
나이테	114	
니 그립	107	
다이아몬드 숫돌	126	
단조못	33	
대패	56, 93	
뎁스라인	114	
도끼	55	
도마	92	
드로 나이프	56, 69	
디아룩스 블랑	59	
띠열장 기법	84	
라베트	114	
라베트 라인	114	
라인 레벨	114	
래더백 체어	114	
래미네이트	114	
래스프	114	
레이디얼 섹션	114	
레이크 헤드	114	
로 린시드 오일	18, 30, 71, 126	
롱 벤트 가우지	56	
료바 일본 톱(양날톱)	2	
루트 마술	114	
리 닐슨 블록 플레인	3	
리녹신	114	
리벳	20	
리벳팅	20	
리처드 세넷	9	
릴리프 컷	15, 26, 27, 36, 112	
마구리	48
마르가레타 막산 순크비스트	11
마블링	114
마슐	114
마슐 자작나무망치	127
모라크니브 칼날	2, 20
목공용 손 톱	3
몰딩	42
문자와 숫자 새김	103
물림쇠	58
바게뢰드 스트레이트 가우지	2
바이스	20
바이킹 브레이드	103
받침목	50, 51
버니어 캘리퍼스	58, 126
버터나이프	15
벌 블랭크	114
베벨	115
베벨 페이스	115
베스테르보텐	9, 94
벤치 독	83
보일드 린시드 오일	30
볼	26, 29
부피 수축	49
붓	60, 126
브래킷	47, 78
브레이크	115
V 홈파기	86
블랙 바이슨 앤티크 왁스	60
블록 대패	56
비어 페인트	115
비트	42, 58
빌레 순크비스트	11
빗장	39
사이팅	115
사프우드	115
산 세리프 문자	103
삼각 새김	101
삼각끌	56, 115
삼면 삼각 새김	101
샐로 릴리프 카빙	115
선 새김	101
섬 그립	28, 34, 108
섬 스큐 그립	38, 110
섬유 포화점	49, 50
센터펀치	115
셀룰로스	51
셰이빙 홀스	15, 53, 60, 61, 62
손잡이	36
손톱 새김	102
쇠망치	127
쇼트 파이버드	115
숄더	20, 61
숄더 스틱	115
수동 드릴	3, 58
수르울레	115, 123
수분 함량	49
수심	25, 115
수직 그라인더	59, 68,
수축과 팽창	49
수축통	84, 115
숟가락	25
숫돌	59
슈퍼그라인드	59
스그라피토	48, 105, 115
스놉 스틱	76, 77
스몰 포레스트 액스	127
스무딩 플레인	115
스반테 야르브	2, 100
스윕	56
스큐 그립	109
스큐레트	100, 115
스크래치 게이지	58
스크럽 플레인	56
스퀵 핏	115
스타빌로 수성 연필	126
스탬핑	115
스텐실	115
스템	26
스톱 컷	17
스툴	94
스트레이트 가우지	56
스트레이트 그레인드	115
스트레이트 베벨드	115
스티커 스태킹	115
스트로핑	59, 70, 115
스티플링	116
스팀 벤딩	17, 116
스패츌러	17
스페이서	51
스포크셰이브	2, 48, 56
스푼 가우지	116
스플리팅	65
스플리팅 몰	54
스플리팅 웨지	55
슬라이딩 베벨	58
슬라이싱 컷	33
슬레지 해머	54

슬로-그로잉 스프루스	116	장부	36, 39, 96	파이버 세츄레이션 포인트	117
슬로이드	4, 8	장부 깎기	38	펀치	117
슬뢱	8, 116	장부촉	114	페그	42
시저 그립	16, 27, 108	장부 턱 조정하기	97	페그 보드	34, 41
시저 그립 위드 섬 푸시	37, 108	장선	116	페스트	117
실리콘 카바이드	59	잭 플레인	116	페일 스트레이트 가우지	2
실키 포켓 보이 접이식 톱	3	전문가용 유화 물감	30, 71, 126	펜	57
쐐기	42, 43	접자	58, 126	펜슬 마킹 게이지	58, 117
쓰리-코너드 칩	116	조임쇠	58	폴리싱 페이스트	117
아르노 콘케이브 드로 나이프	2, 55	좌판에 구멍 뚫기	96	폴리싱 휠	59
안료	70	줄	57	풀 그립	17, 27, 109
알루미늄 쐐기	12	줄자	58	프로우	54, 127
알루미늄 옥사이드	59	지그	116	프리커 마크	117
압축 이상재	47, 64, 116	직각자	57, 126	프리핸드 드로잉	105
얌트란드	100	척	116	플라이어	117
에그 템페라	72	척 스핀	58	플래닝	106
에어타이트 콘테이너	72	초핑 블록	53	피어스드 데코레이션	105
엑시얼 섹션	116	칩 카빙	31, 100	피펫	72
엔드 그레인 우드	116	칩 카빙 나이프	56	핑거네일 컷	117
엘보 그립	107	칩 카빙 샘플 보드	113	하이그로스코픽	117
연마제	59, 126	카나우바 왁스	60	하이드 글루	21
오거 비트	3, 42, 58	칼	20	하이브리드 톱니	57
오메가 벤드	116	칼 손잡이 장식	22	하트우드	117
오세베리	102	칼 연마	68	하프 로그	117
오토솔	60	캔 오프너 그립	27, 38, 87, 111	함석지붕재	51
와셔	54	커튼 봉	76, 78	함지박	79
와이어 엣지	116	컬리 파이버드	116	해드 소	57
우드 래스프	20	케블러 장갑	28	해머	54
우드 셰이빙스	116	코터	116	행어	32
우드 치즐	116	콘벡스	116	헌팅 그라인드	67
우드카빙 나이프	55	콘벡스 베벨	68	헬리에달렌	100, 115
우든 몰	54	콘케이브	116	헬싱란드	100, 115
우레탄 고무망치	127	콜로징	105	호닝	69
운드 우드	116	크누트 외스트고드	84	홀드패스트	54
웨인스콧 보더	116	크로스 그레인 우드	116	홈파기용 자귀	80
유니버설 서포트	69	크로스드 섬 그립	18, 34, 36, 112	활톱	57
이상재	114	클램핑 지그	17, 18, 117	후크 나이프	2, 55
인간공학	66, 116	클린 카브/클린 컷	117	히얼 라기	117
인장 이상재	47, 117	탄소강	100, 116	히코리	117
인클루디드 앵글	116	탄젠셜 섹션	117		
인트 오슬뢱	9	탱	19, 20, 117		
일본 톱	57	테레핀	72		
임계점	50	템퍼링	67		
임령	48	톱	57		
임상	48	트위스트 오거 비트	3		
자유자	58, 126	T-오거	3, 58, 85, 114		
자작나무 껍질 칼집	2, 19, 23	파문	63		
자작나무 행어	31	파워 그립	16, 27, 107		
장도리	54, 127	파워 핵소 블레이드	117		

벤치 '키티 호크(Kitty Hawk)'에 누워 있는 저자. 소나무와 굽어 자란 자작나무로 만들었으며, 현재 스웨덴 우메오 공항에 설치되어 있다.

나는 전기를 사용하지 않는
언플러그드(unplugged) 슬뢰이드를 즐긴다.
그것은 등 근육을 강화시키고
작업 비용을 줄인다.

굽어 자란 나무들,
굽힌 무릎 모양의 뿌리들,
천천히 자란 가문비나무,
서로 맞물린 나뭇결,
날이 넓은 도끼들,
쪼개기용 프로우들,
민속 문양들과 조각,
이 모든 것이 내 세계에서 중요한 역할을 한다.

'뚫다'라는 단어 자체가
나무의 살 속을 파고든다.

한 토막의 나무를 쪼개고
도끼질하고, 칼질하며
그것과 맞서 싸울 때,
나는 아주 신명이 난다.

돈벌이 때문이 아니라
나무 표면을 매끄럽게 깎기 위함이다.
그리고 도끼의 리듬,
송진 냄새, 끊임없이 이어진 섬유질들.

의자, 벤치, 국자, 캐비닛,
장식 선반, 명판, 조각품
이외 훨씬 많은 것이
나의 작업실에서 만들어진다.

쓸모 있는 물건들
    나무 깎는 손을 위한,
        방황하는 마음을 위한,

수르울레(surolle)의 《생각의 책》 중에서

지은이 요게 순크비스트(Jögge Sundqvist)

예술적 자아인 수르울레(surolle)로도 알려져 있으며, 숲에서 신중하게 고른 나무의 형태를 몇 가지 간단한 수공구들을 이용해 변형시키는 슬뢰이드의 전통 예술을 몸소 실천하고 있다. 그는 스웨덴의 베스테르보텐 지역의 오랜 전통 조각품들뿐만 아니라 가정용품, 유화 물감을 칠한 가구, 캐비닛 등을 직접 제작한다.

아버지인 빌레 순크비스트(Wille Sundqvist)에게 목공예를 배웠고, 현재 유럽과 미국에서 많은 사람에게 슬뢰이드를 가르치고 있다. 그의 예술 작품들은 수많은 박물관과 공공시설에서 만날 수 있다.

옮긴이 용형준

스웨덴 새테르글랜탄 인스티튜트(Säterglänta Institute)에서 트래 슬뢰이드(Träslöjd)를 공부했다. 나무를 이용한 다양한 작업과 함께 사람들에게 재밌는 생목공예(그린 우드카빙)를 알리기 위해 여러 곳에서 강의를 하고 있다.

현재 모라크니브 한국 대사로 활동 중이며, 강원도 원주의 한적한 숲속에서 아내와 함께 후가공방을 운영하고 있다. 대한민국에 좀 더 다양하고 재밌는 목공 문화가 발전하길 기원하며, 오늘도 숲속 작업실에서 열심히 도끼질을 한다.

스웨덴 슬뢰이드 장인의
그린 우드카빙

초판 1쇄 발행 | 2019년 10월 15일
초판 2쇄 발행 | 2020년 6월 15일

지 은 이 | 요게 순크비스트
옮 긴 이 | 용형준
펴 낸 이 | 김명희
편   집 | 김아롬
펴 낸 곳 | 다봄
등   록 | 2011년 6월 15일 제 2020-000029호
주   소 | 서울시 광진구 아차산로 51길 11 4층
전   화 | 070-4117-0120 팩스 0303-0948-0120
전자우편 | dabombook@hanmail.net

ISBN 979-11-85018-68-3 13630

이 도서의 국립중앙도서관 출판시도서목록(CIP)은 서지정보유통지원시스템 홈페이지(http://seoji.nl.go.kr)와 국가자료공동목록시스템(http://www.nl.go.kr/kolisnet)에서 이용하실 수 있습니다.(CIP제어번호 : CIP2019033402)

SLöJDA I TRÄ by Jögge Sundqvist
Copyright © 2016 Jögge Sundqvist
First Published by Natur & Kultur, Sweden
All rights reserved
Korean translation rights © 2019 Dabom Publishing
Korean translation rights are arranged with NATUR & KULTUR through AMO Agency, Korea and Bennet Agency, Sweden.

이 책의 한국어판 저작권은 AMO에이전시를 통해 저작권자와 독점 계약한 다봄에 있습니다. 저작권법에 의해 한국 내에서 보호를 받는 저작물이므로 무단 전재와 무단 복제를 금합니다.

* 본문 내용 중 괄호 안의 설명은 옮긴이가 추가한 것입니다.
* 책값은 뒤표지에 표시되어 있습니다.
* 파본이나 잘못된 책은 구입한 곳에서 바꿔드립니다.

의자 '오렌지 허거(Orange Hugger)'. 등받이와 다리는 굽어 자란 자작나무, 좌판은 검은 오리나무 그리고 등받이 기둥은 물푸레나무를 사용했다.